Sophie Taeuber. Textilreformerin

Medea Hoch, Gabriele Lutz

Scheidegger & Spiess

1 Nic. Aluf, Sophie Taeuber mit *Dadakopf*, 1920, Vintage Silbergelatineabzug, 11,7 × 9,6 cm, Stiftung Arp e. V., Berlin

1

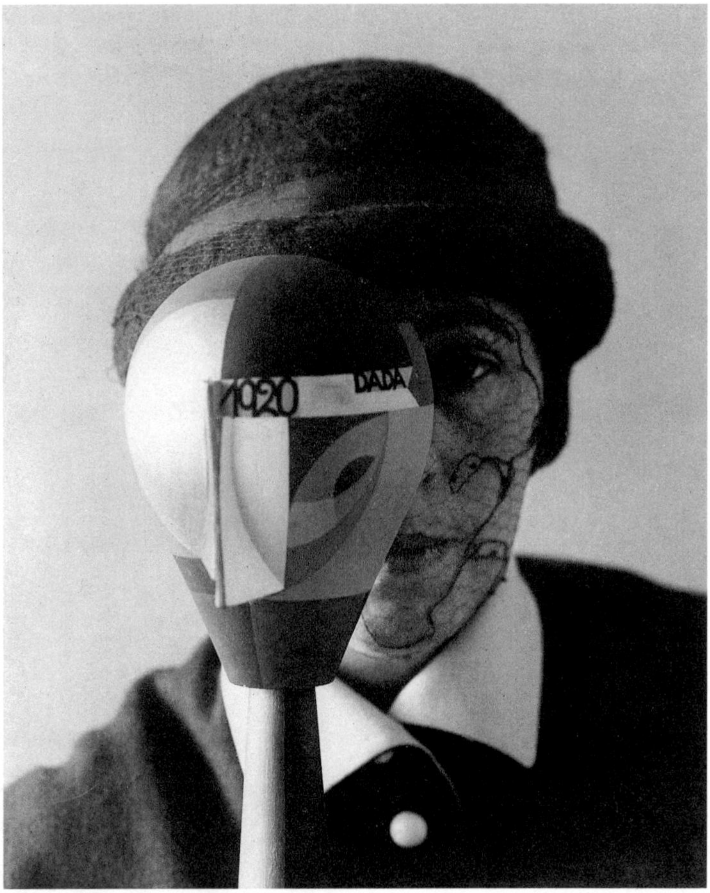

2 Hans Peter Klauser, Heimstickerinnen, Appenzell, 1944, neuer Silbergelatineabzug, 17,9 × 23,9 cm, Fotostiftung Schweiz, Winterthur

3 Hans Peter Klauser, Stickerin, Appenzellerland, 1944, Vintage Silbergelatineabzug, 18 × 18,7 cm, Fotostiftung Schweiz, Winterthur

4 Hans Peter Klauser, Junge Stickerin, Appenzellerland, 1944, Vintage Silbergelatineabzug, 24,1 × 15,7 cm, Fotostiftung Schweiz, Winterthur

5 Hans Peter Klauser, Stickerin in Weissbad (Werktagstracht), 1944, späterer Silbergelatineabzug, 23,5 × 18 cm, Fotostiftung Schweiz, Winterthur

2

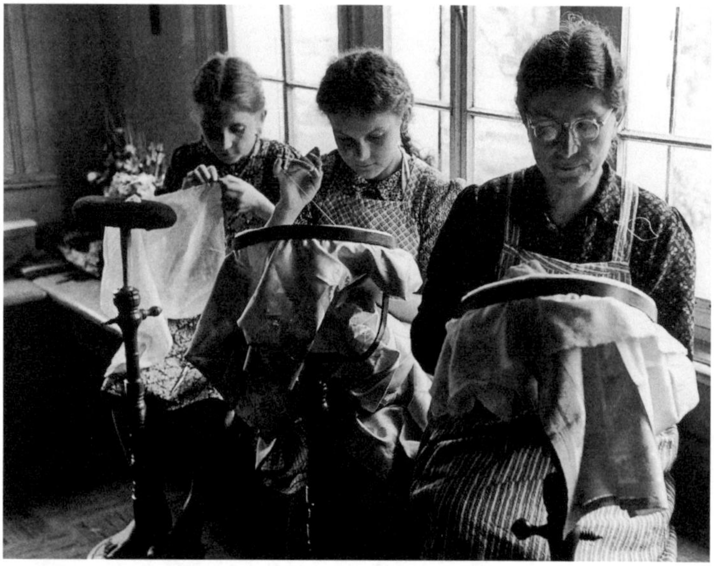

3

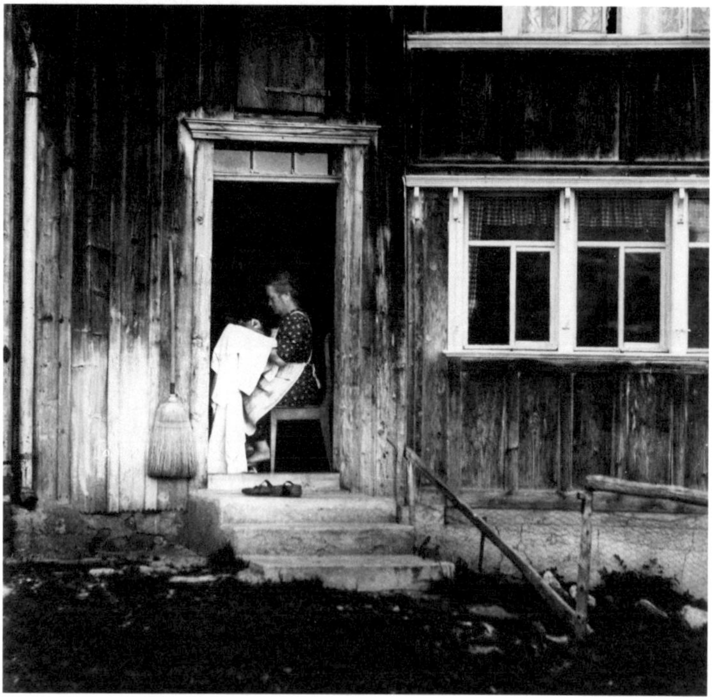

4

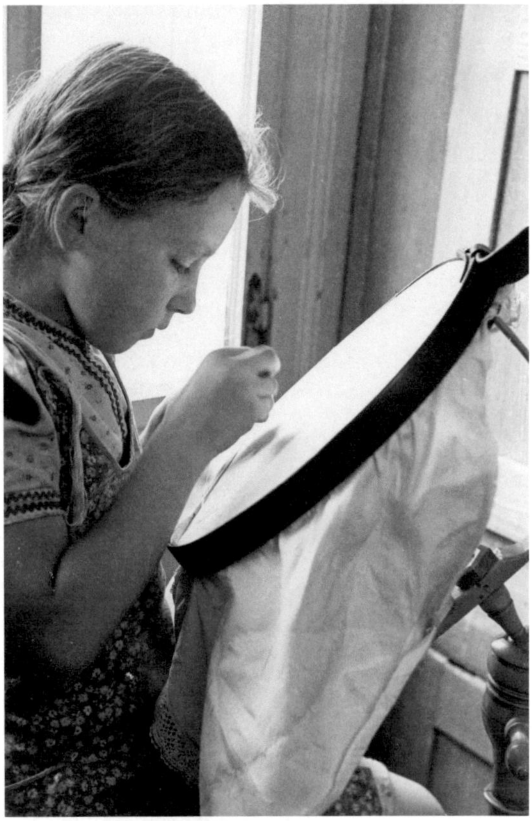

5

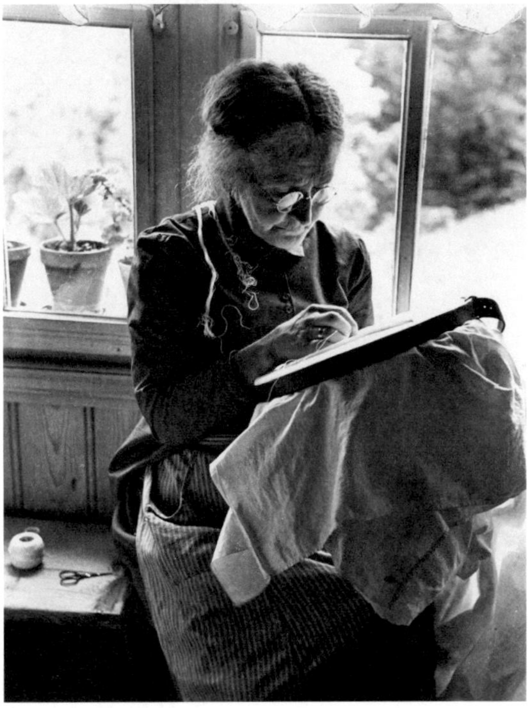

6 Sophie Taeuber mit Stickrahmen, Trogen, 1905, Vintage Silbergelatineabzug, 5,7 × 6,5 cm, Privatbesitz

7 Sophie Taeuber beim Klöppeln, Trogen, 1906, Vintage Silbergelatineabzug, 7 × 10 cm, Aargauer Kunsthaus, Aarau

8 Sophie und Erika Taeuber, Trogen, um 1906, Vintage Silbergelatineabzug, 8,8 × 12,9 cm, Privatbesitz

6

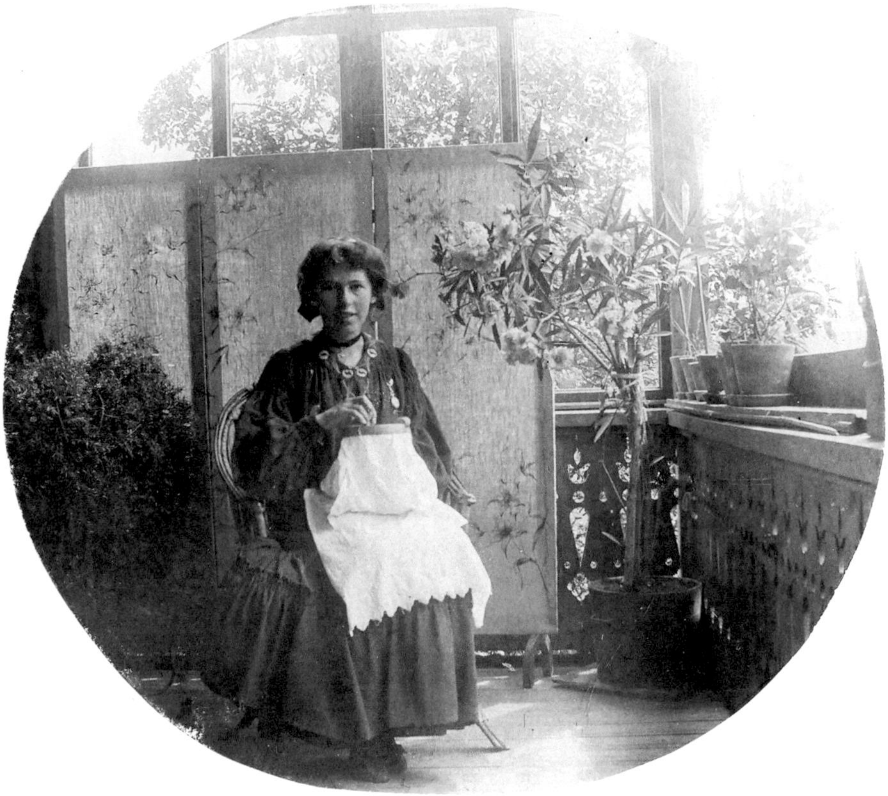

7

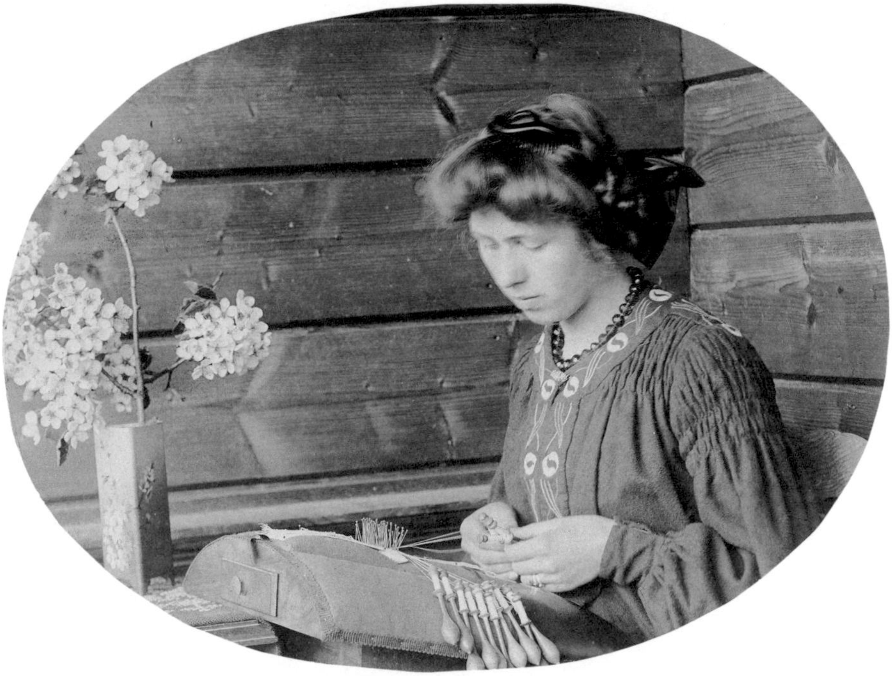

8

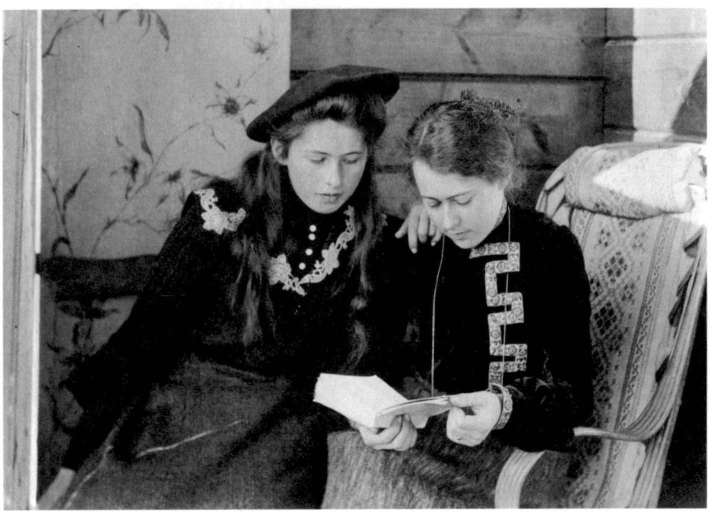

9 Sophie Taeuber-Krüsi, Trogen, um 1906, Vintage Silbergelatineabzug, 11,3 × 9 cm, Fotoalbum Elisabeth Pletscher, Kantonsbibliothek Appenzell Ausserrhoden, Trogen

10 Sophie Taeuber und Sophie Taeuber-Krüsi, Trogen, um 1906, Abzug, Kollodiumpapier, 9 × 11 cm, Aargauer Kunsthaus, Aarau

11 Sophie Taeuber, Trogen, um 1907, Abzug, Kollodiumpapier, 11 × 9 cm, Aargauer Kunsthaus, Aarau

9

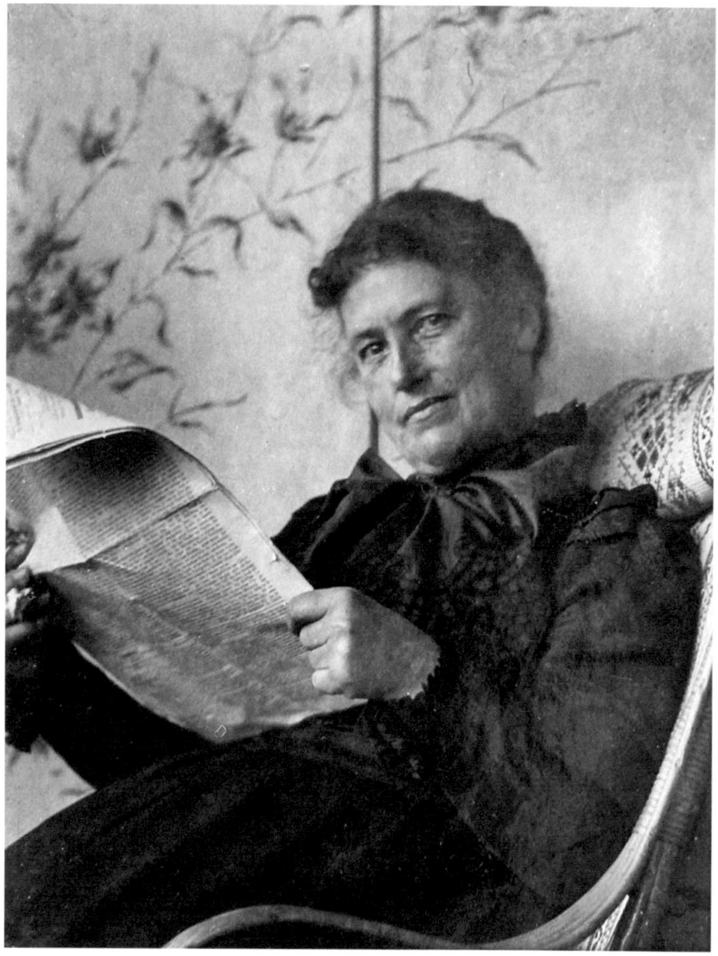

10

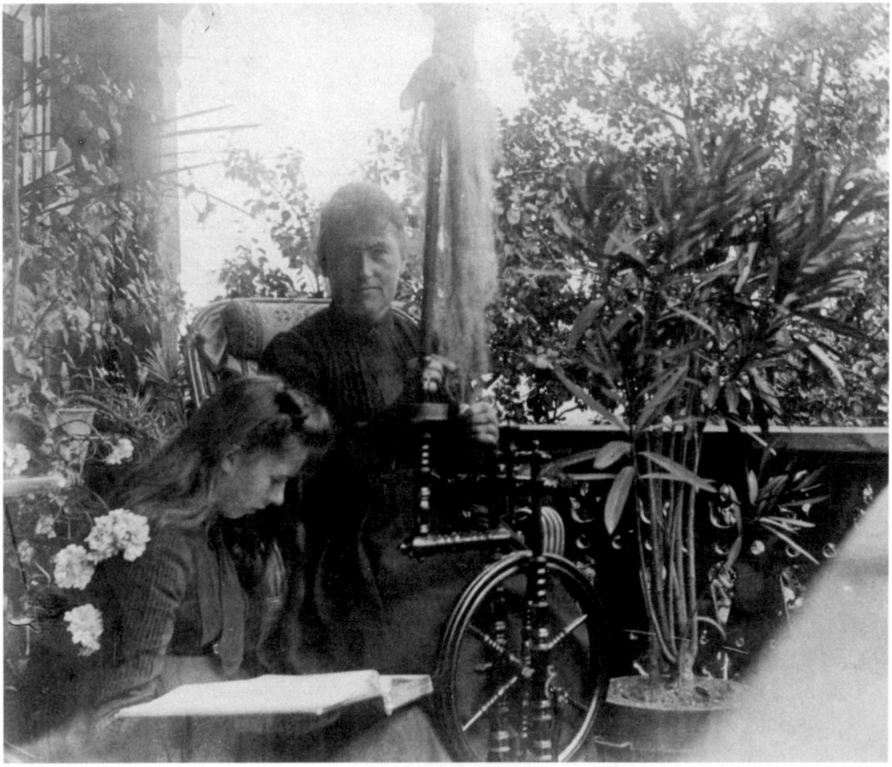

11

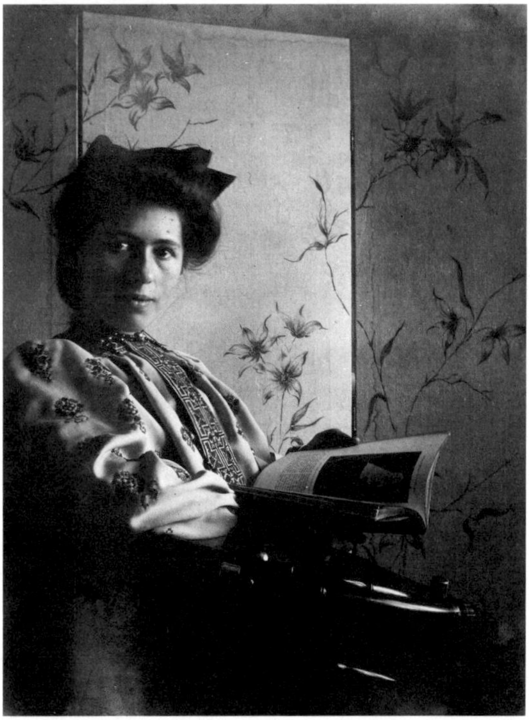

12 Sophie Taeuber-Krüsi, *Tropaeolum majus*, 1873, Bleistift und Aquarell auf Papier, 26,8 × 32 cm, Privatbesitz

13 Sophie Taeuber, Kapuzinerkresse, 1910, Aquarell und Gouache auf Papier, 48 × 74 cm, Stiftung Arp e. V., Berlin

12

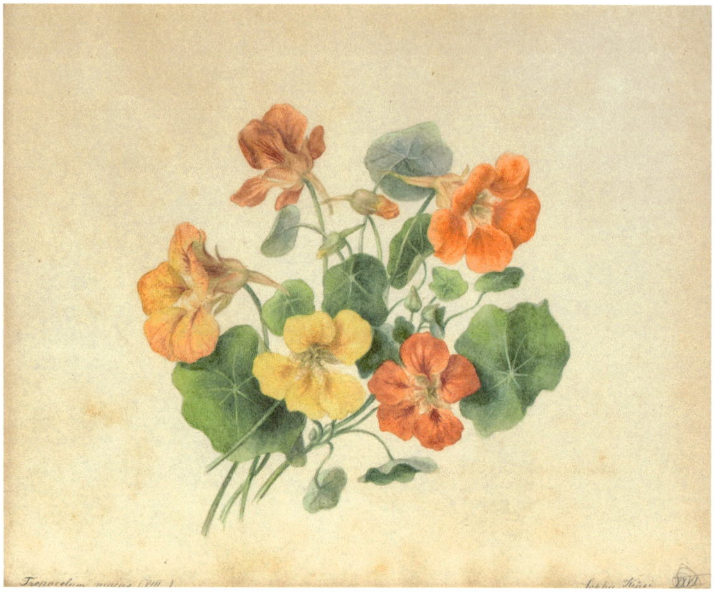

13

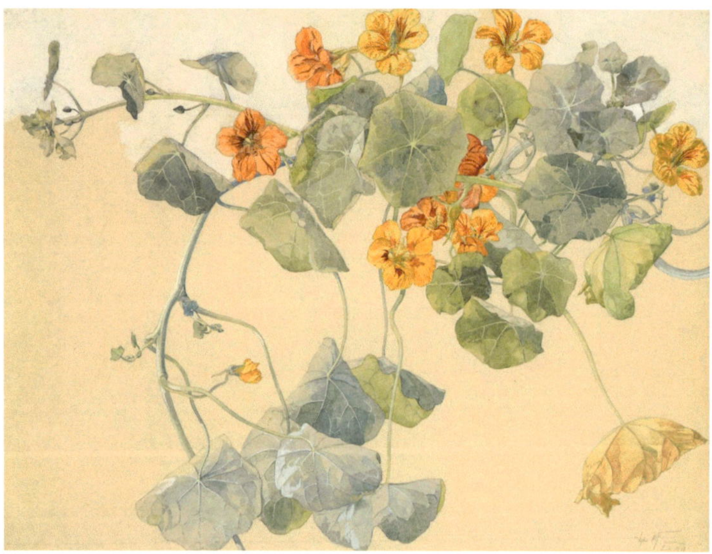

14 Hugo Pfendsack, Hopfen, 1889, Bleistift und Aquarell auf Papier, 37,5 × 51,5 cm, Textilmuseum St. Gallen

15 Johannes Stauffacher, Hibiskus, undatiert, Bleistift und Aquarell auf Papier, 42,6 × 55,4 cm, Textilmuseum St. Gallen

14

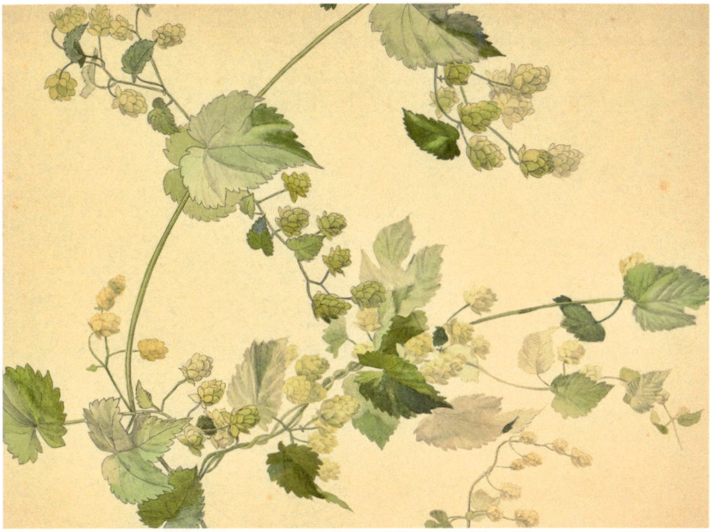

15

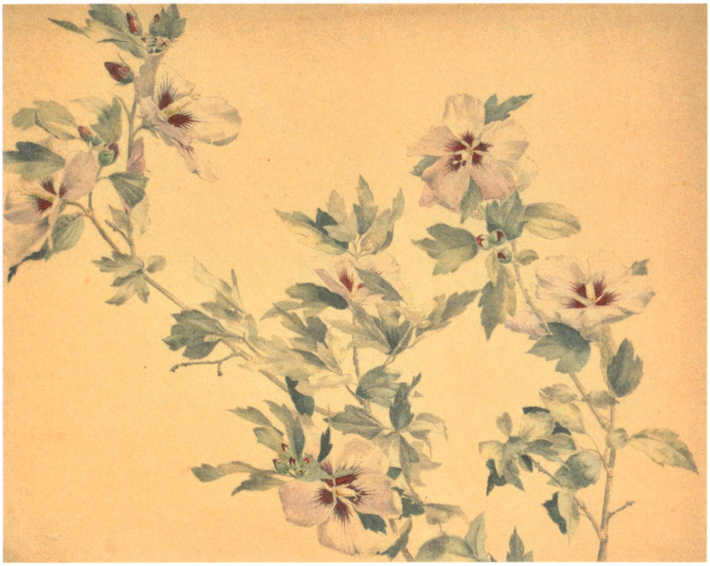

16 Johannes Stauffacher, Glockenblumen, undatiert, Bleistift und Gouache auf Papier, 32,3 × 44,5 cm, Textilmuseum St. Gallen

17 Hugo Pfendsack, Narzissenblütige Anemone, Ginster, Taubnessel, Blauglöckchen, 1890, Bleistift und Aquarell auf Papier, 35,7 × 51,5 cm, Textilmuseum St. Gallen

18 Johannes Stauffacher, Hahnenfuss, Bleistift auf Papier, undatiert, 35,5 × 41 cm, Textilmuseum St. Gallen

19 Hugo Pfendsack, Äpfel, 1888, Bleistift, Tusche und Aquarell auf Papier, 39,2 × 57,5 cm, Textilmuseum St. Gallen

20 Johannes Stauffacher, *Ronces & dentelles venitiennes*, undatiert, Tusche und Bleistift auf Papier, 32,8 × 40 cm, Textilmuseum St. Gallen

16

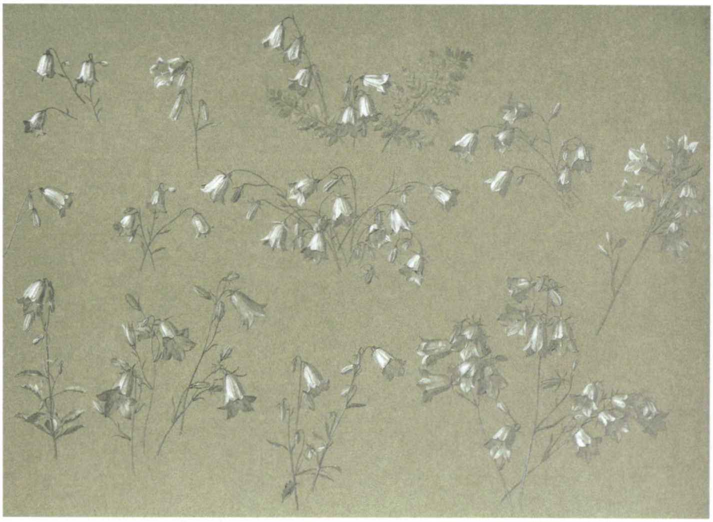

17

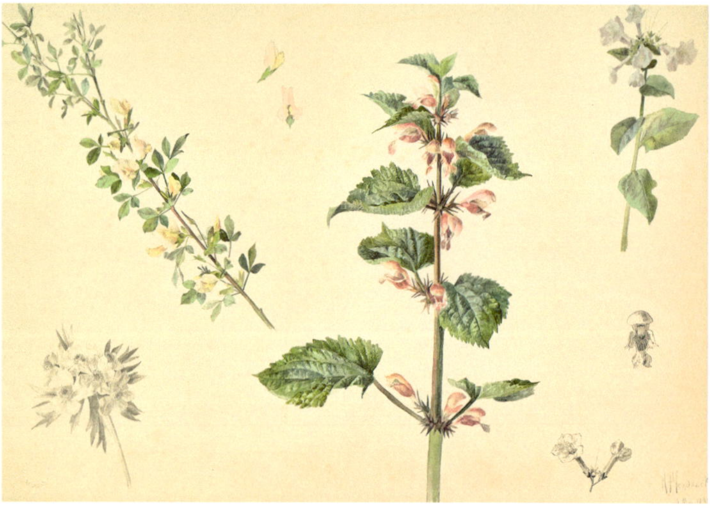

18

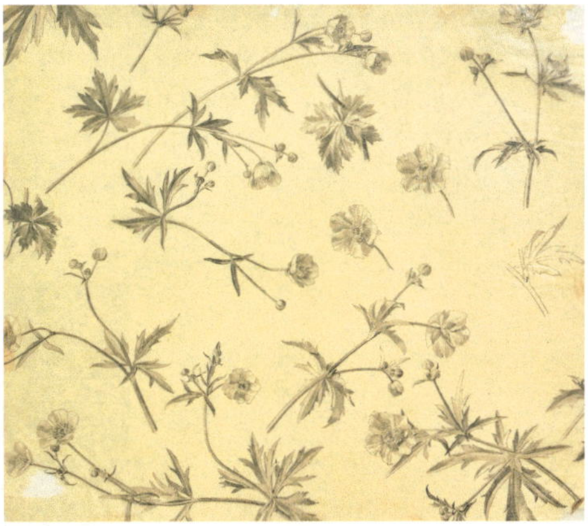

19

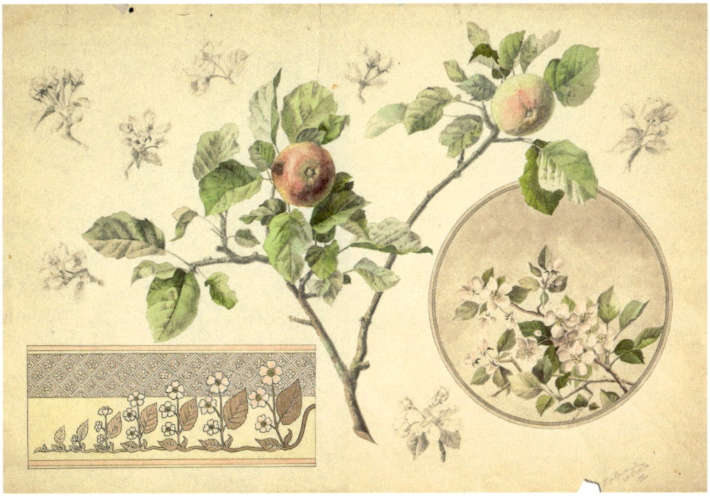

20

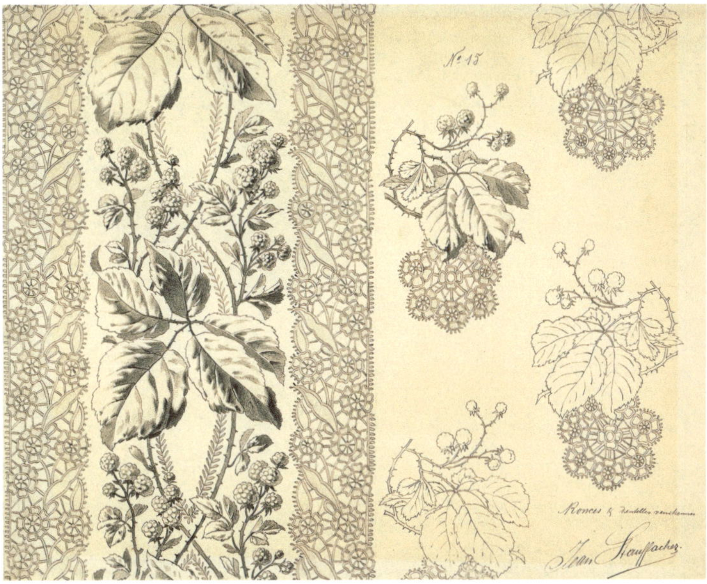

21 Johannes Stauffacher, *Studie für Damast*, undatiert, in: *Stauffacher Schule St. Gallen*, Serie 1, St. Gallen: J. Stauffacher 1909, Blatt 7

22 W. v. Wersin, *Naturstudie*, in: *Deutsche Kunst und Dekoration* (1905), S. 380

23 Otto Werder, *Compositions modernes pour dentelles, broderies et rideaux*, in: Otto Werder, *Neue Spitzen*, St. Gallen: Eigenverlag 1898

21

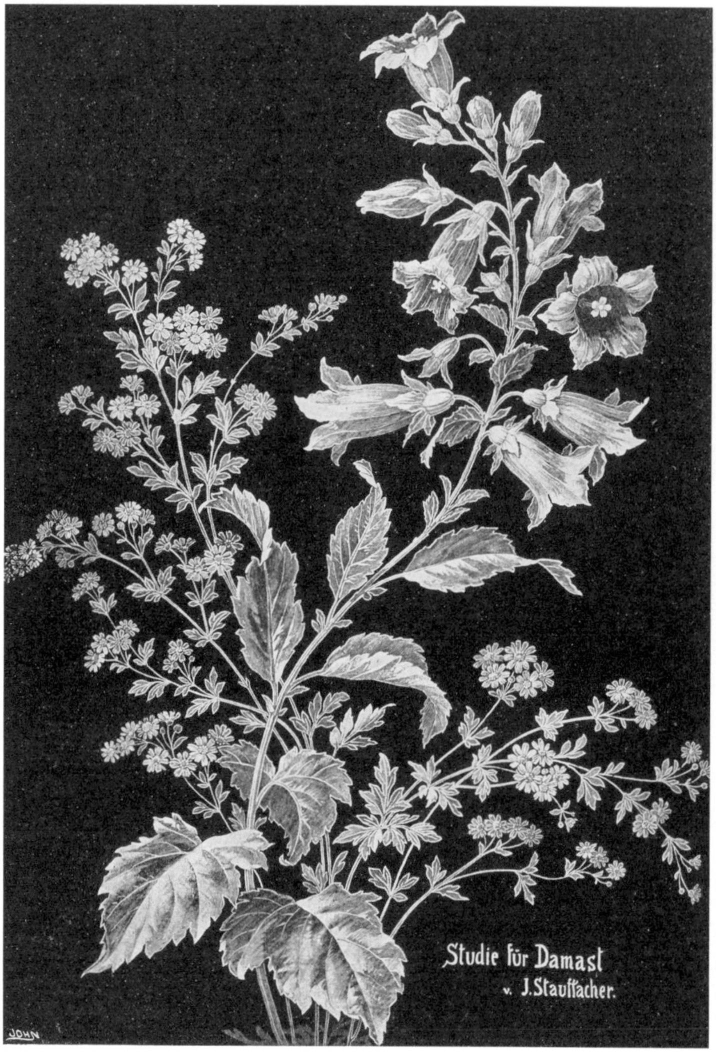

22

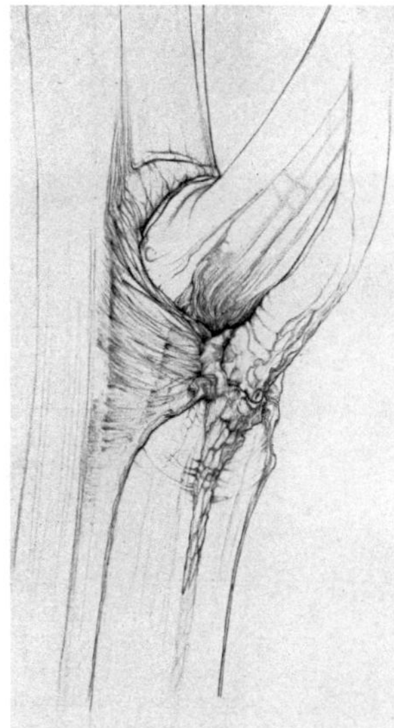

23

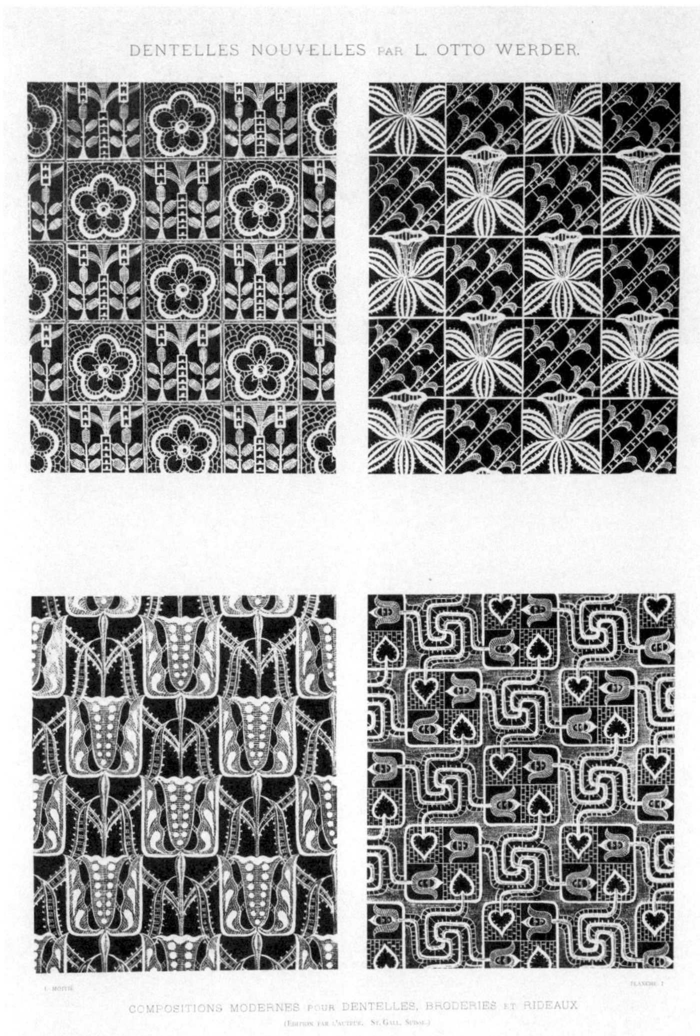
DENTELLES NOUVELLES PAR L. OTTO WERDER.
I. MOITIÉ
PLANCHE I
COMPOSITIONS MODERNES POUR DENTELLES, BRODERIES ET RIDEAUX
(EDITION PAR L'AUTEUR. ST. GALL. SUISSE.)

24 Sophie Taeuber, Klasse Hugo Pfendsack, Zeichnungsschule für Industrie und Gewerbe, St. Gallen, *Entwürfe nach der Natur*, in: *Textile Kunst und Industrie* (1909), S. 427

24

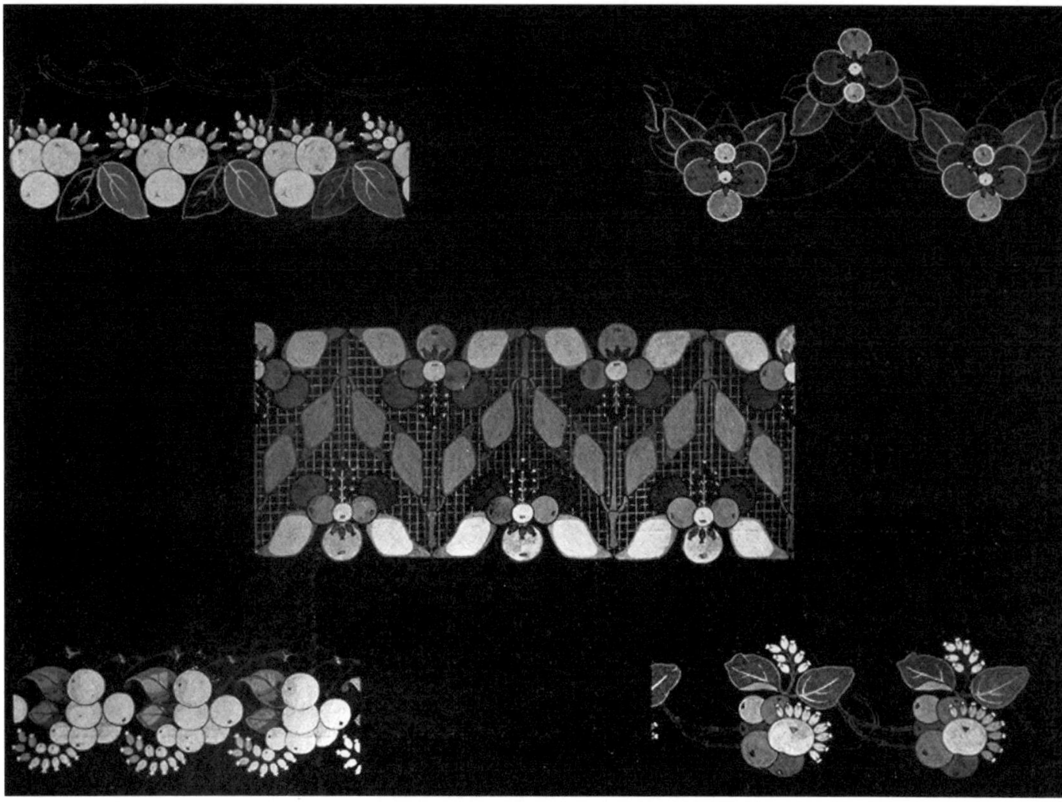

25 Wahrscheinlich Sophie Taeuber, Beutel, Glasperlen, Garn, 18 × 10 cm, vor 1914, Privatbesitz

25

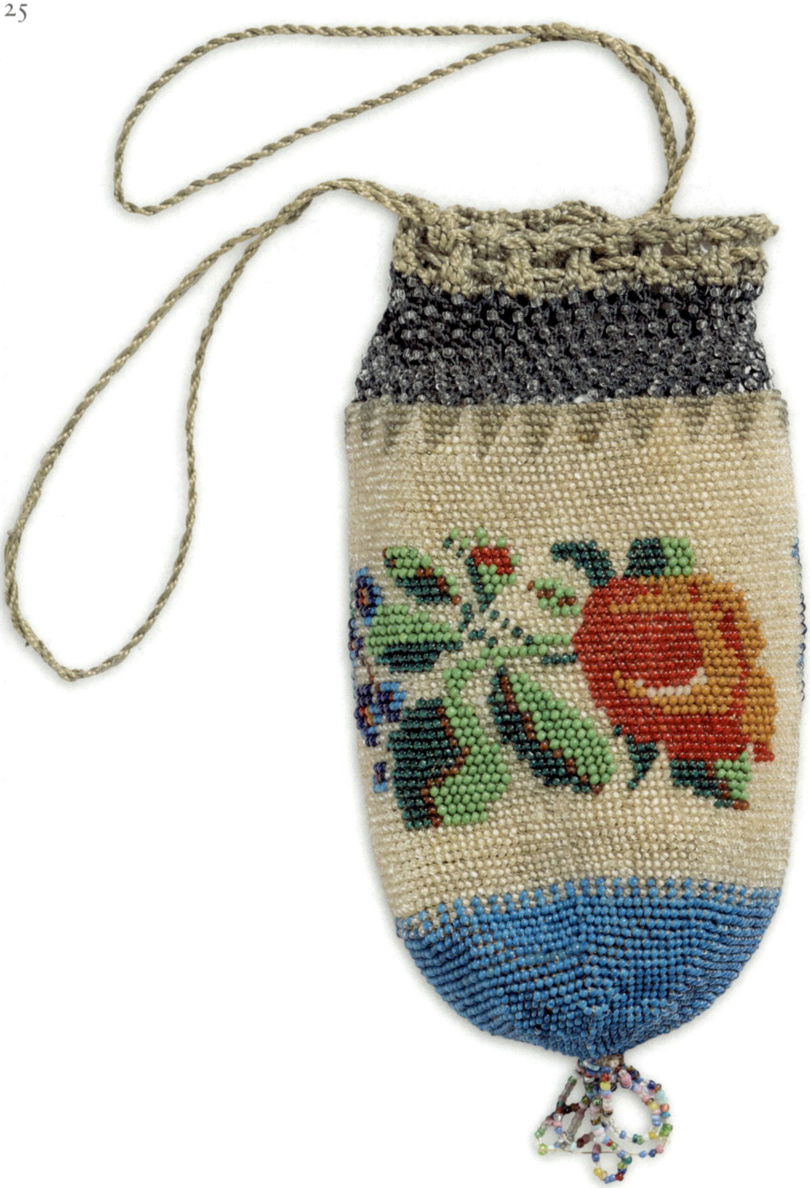

26 Studierende der Debschitz-Schule, Sophie Taeuber vierte von links, München, 1910, Vintage Silbergelatineabzug, 12,6 × 17,9 cm, Stiftung Arp e. V., Berlin

27 Kurbelstickereien, Kissen von Sophie Taeuber links unten, um 1913, Wolle auf Leinen, 10 × 16 cm, Postkarte, Aargauer Kunsthaus, Aarau

28 Sophie Taeuber, *Kästchen mit Handstickerei*, *Arbeiten der Debschitz-Schule*, Kunstgewerbemuseum Berlin, 1913, in: *Die Kunst. Monatshefte für freie und angewandte Kunst* (1914), S. 90

26

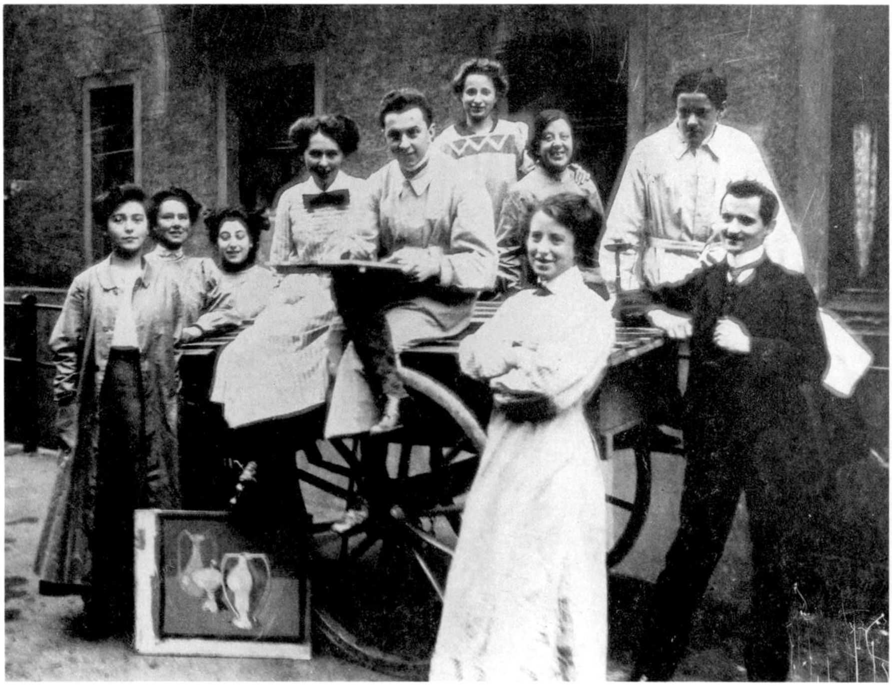

27

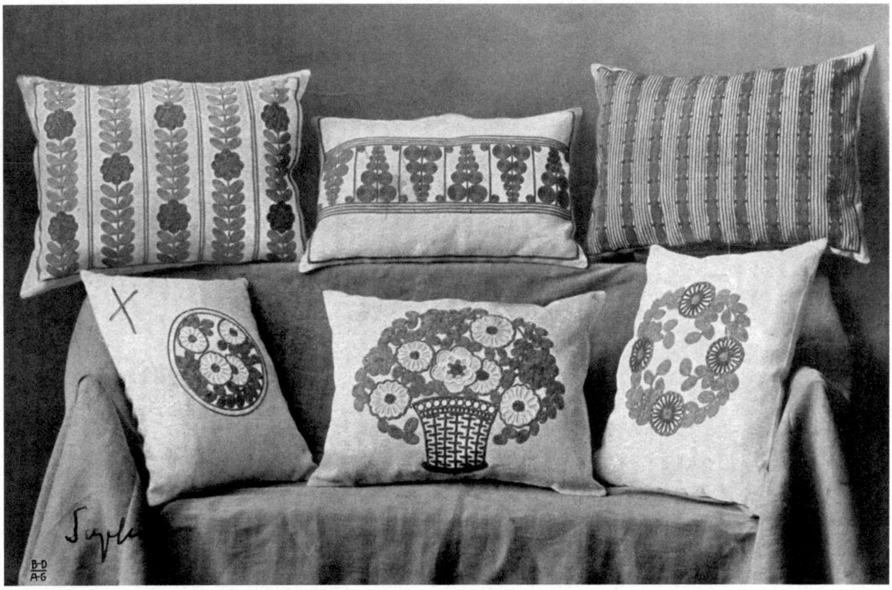

28

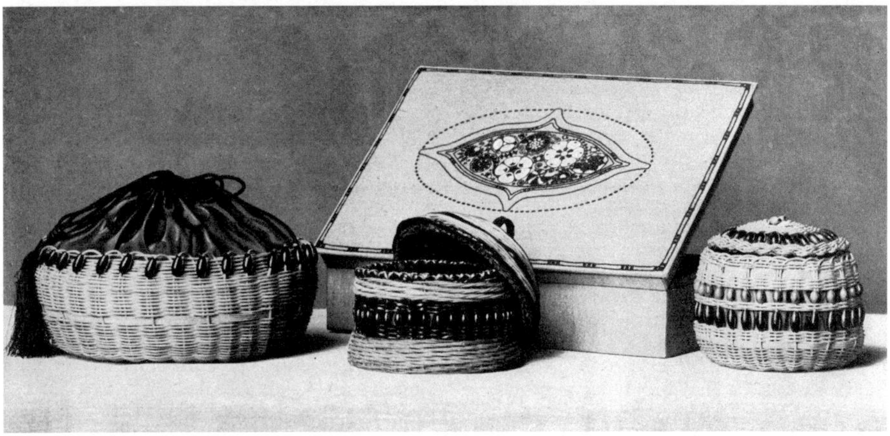

29

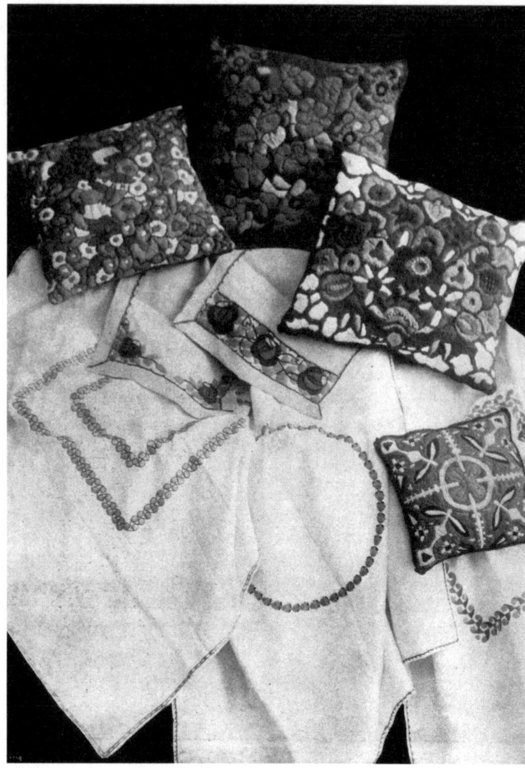

30

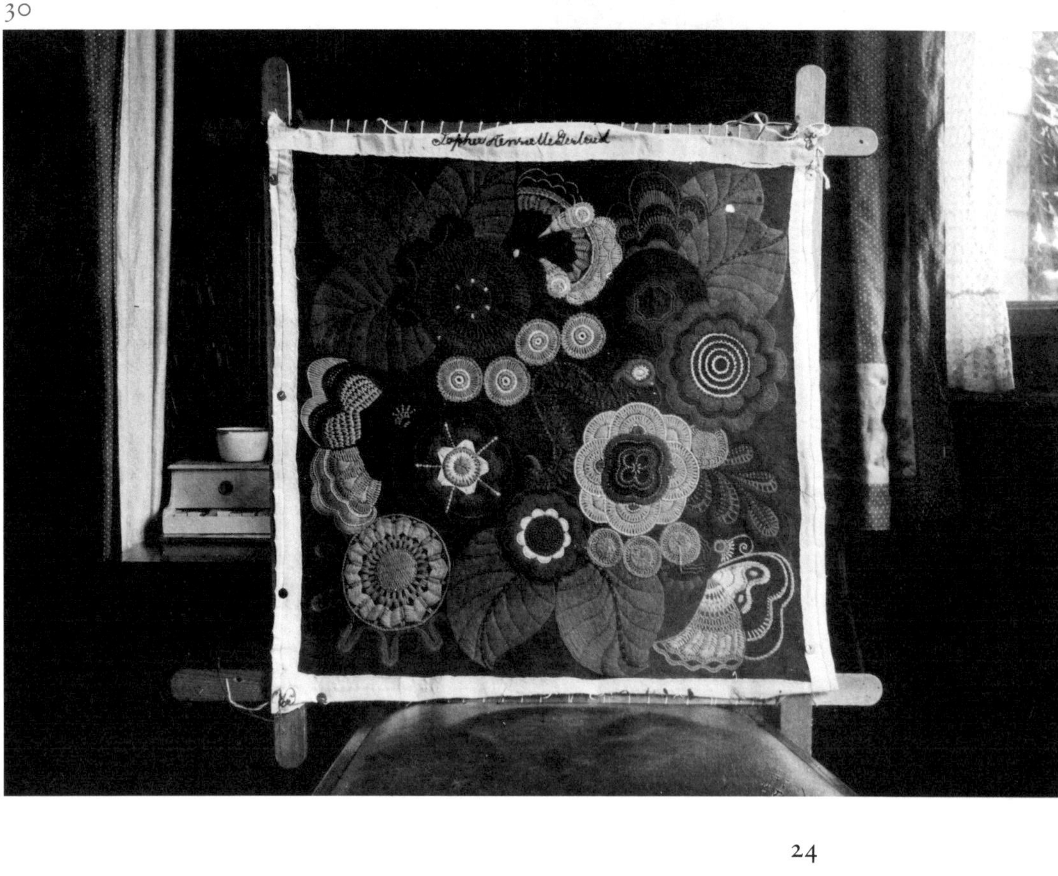

29 Alexander von Salzmann, *Gestickte Kissen*, R. Raddatz, *Decken*, Ausführung Werkstätten für Handwerkskunst, Hellerau, in: *Deutsche Kunst und Dekoration* (1911/12), S. 94

30 Sophie Taeuber, Wollstickerei, um 1912, 8,5 × 12 cm, späterer Abzug, Aargauer Kunsthaus, Aarau

31 Sophie Taeuber, Stickmuster, 1913, 38,3 × 38,1 cm, Bleistift und Farbstift auf Papier, Aargauer Kunsthaus, Aarau, Depositum Privatbesitz

31

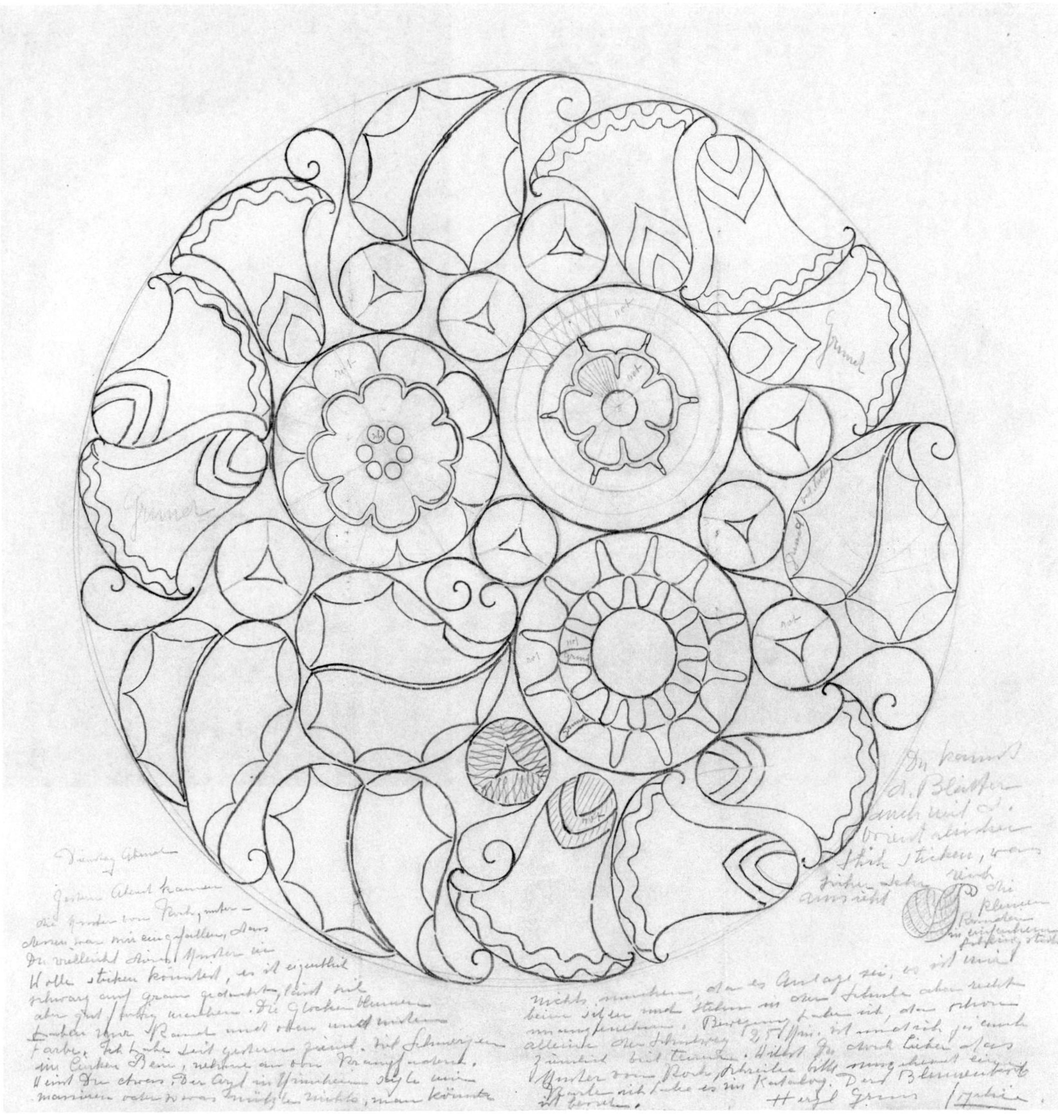

32 Sophie Taeuber, Werkstatt Maria Brinckmann, Spitzenhaube, in: *Die staatliche Kunstgewerbeschule Hamburg*, Hamburg: H. O. Persiehl, 1913

33 Sophie Taeuber, Fachklasse Alice Frey-Amsler, *Gekurbelte Decke, grün und schwarz, Ausstellung Schülerarbeiten der Gewerbeschule Kunstgewerbliche Abteilung*, Kunstgewerbemuseum Zürich, 1915, in: *Die Schweiz* (1915), März, S. 170

32

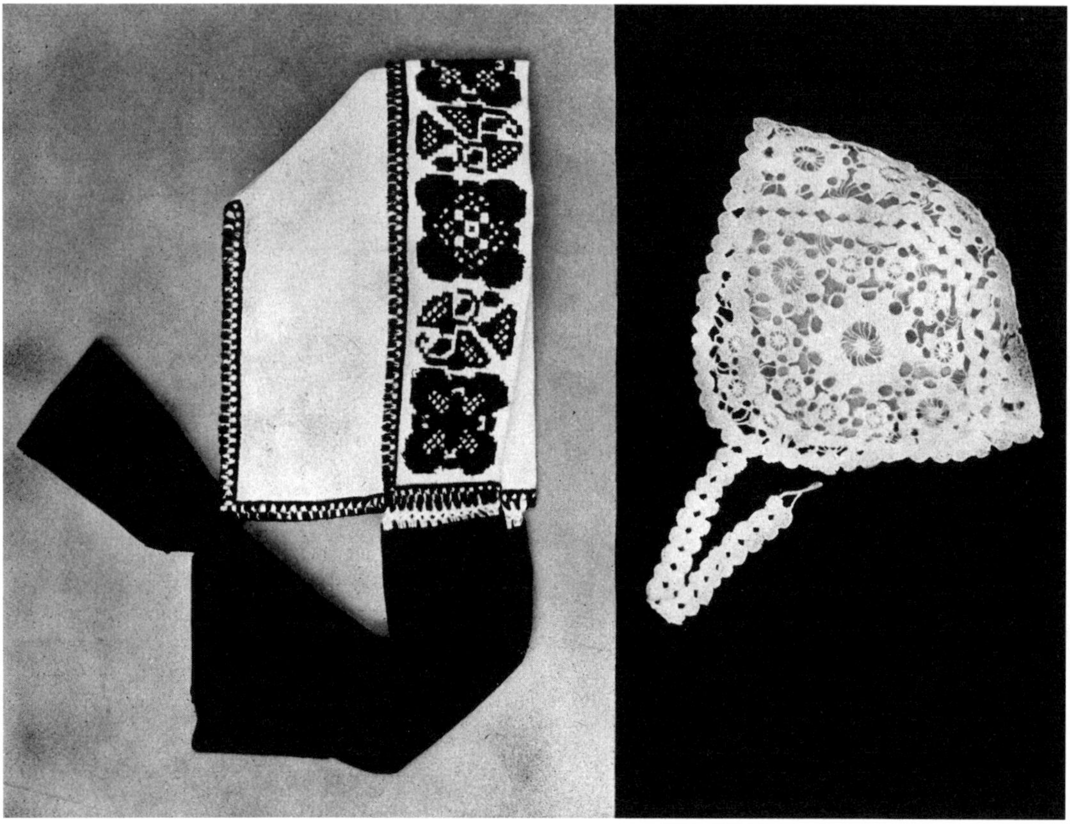

33

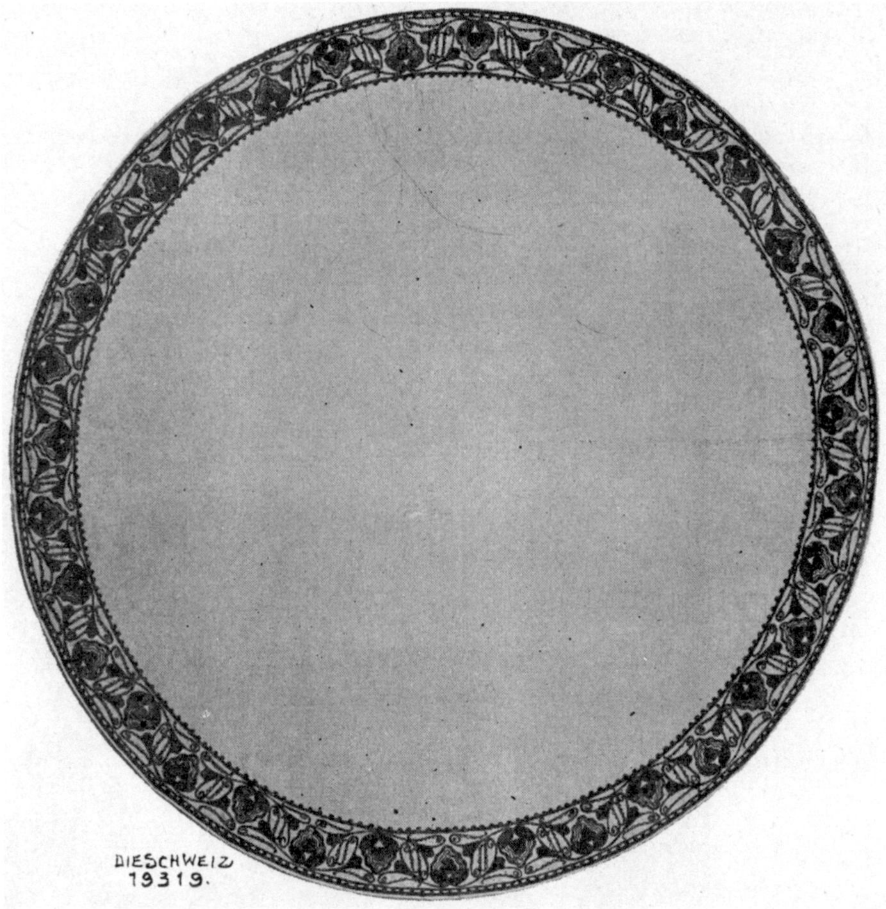

34 *Im Rohr (Hotel Staubbach)*, um 1910, Abzug, 9 × 13 cm, Sammlung Maria Lehner, Beatenberg

35 *Haus-Industrie auf Gimmelwald*, um 1910, Vintageabzug, 10,5 × 13,5 cm, Sammlung Maria Lehner, Beatenberg

36 Klöppelspitzenverkauf, Lauterbrunnental, um 1910, Abzug, 16 × 20 cm, Sammlung Maria Lehner, Beatenberg

37 *Près de Lauterbrunnen*, um 1900, Druck, 20,5 × 26 cm, aus Fotoalbum, Schweizerisches Nationalmuseum

34

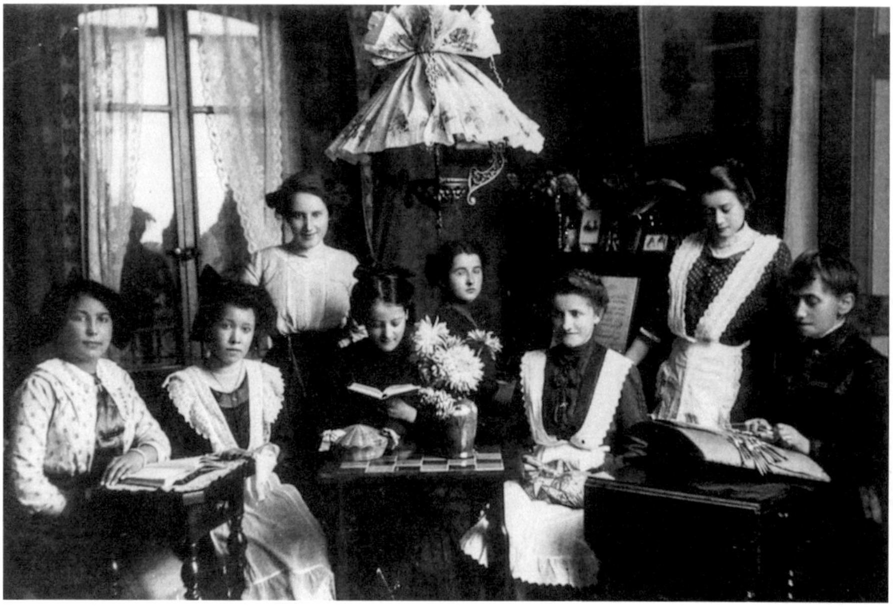

35

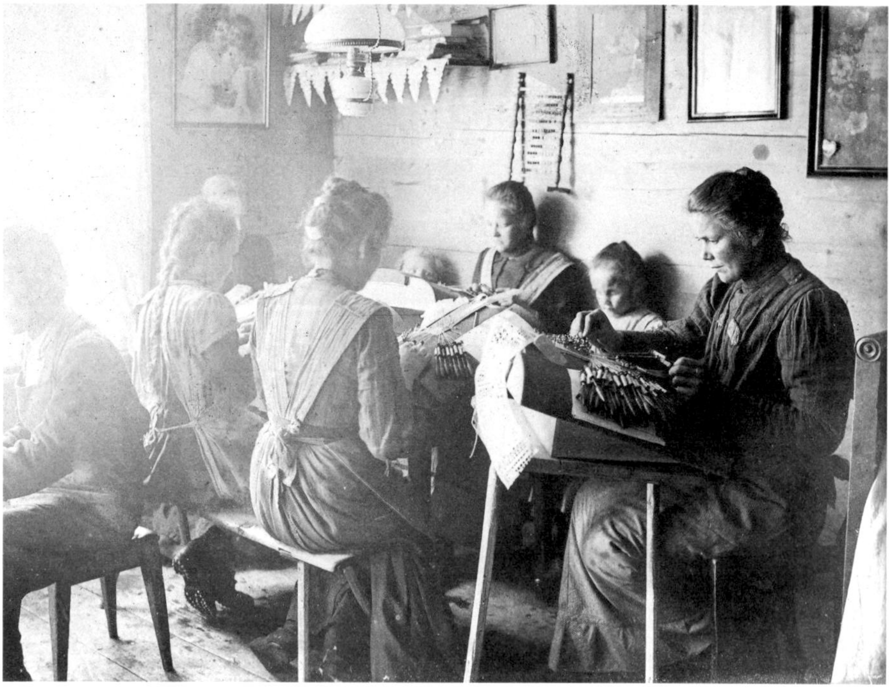

36

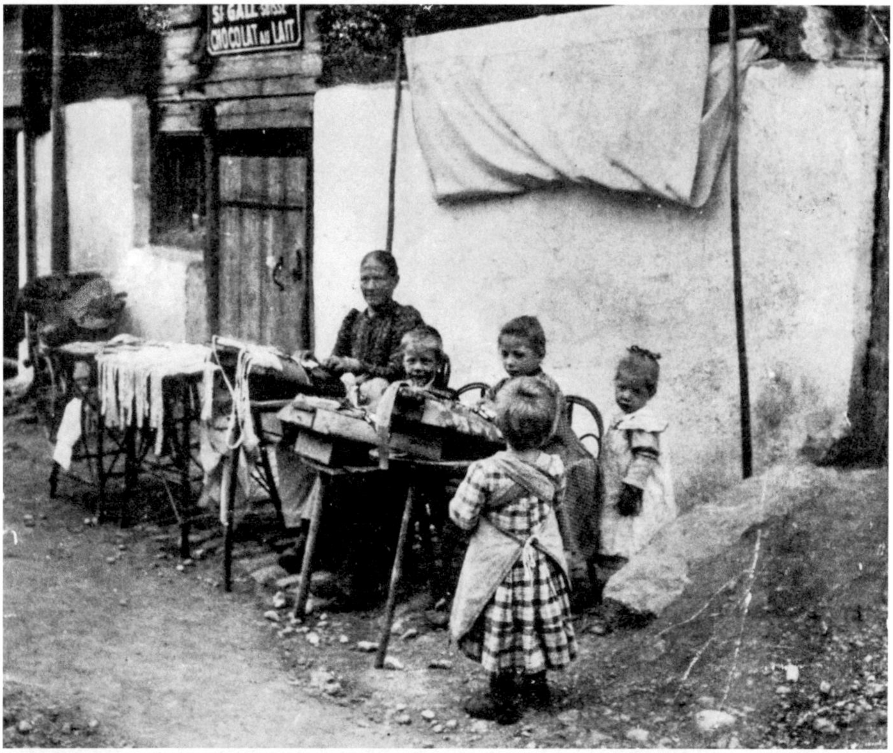

37

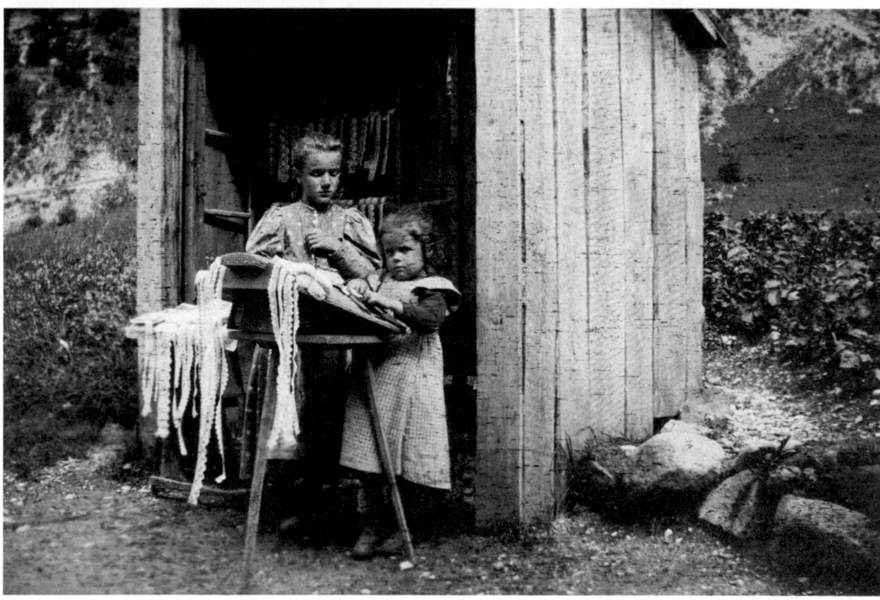

38 Klöppelspitzenverkauf, Lauterbrunnen mit Staubbach, um 1920, Postkarte, 29 × 39 cm, Tal- und Sagenmuseum Lauterbrunnen

39 Musterbuch *Klöppelindustrie Lauterbrunnen*, 1912–1918, 13 × 21 × 8 cm, Sammlung Maria Lehner, Beatenberg

40 Schutzmarke Klöppelindustrie Lauterbrunnen, K. I., 1912–1918, Papier und Metall, 5,5 × 4 cm Leinen, 20 × 3,5 cm, 17 × 3,5 cm, Sammlung Maria Lehner, Beatenberg

41 Schutzmarke Verein Heimarbeit Berner Oberland, H. B. O., um 1920, Papier, 7 × 5,1 cm, Leinen, 18 × 1 cm, Sammlung Maria Lehner, Beatenberg

38

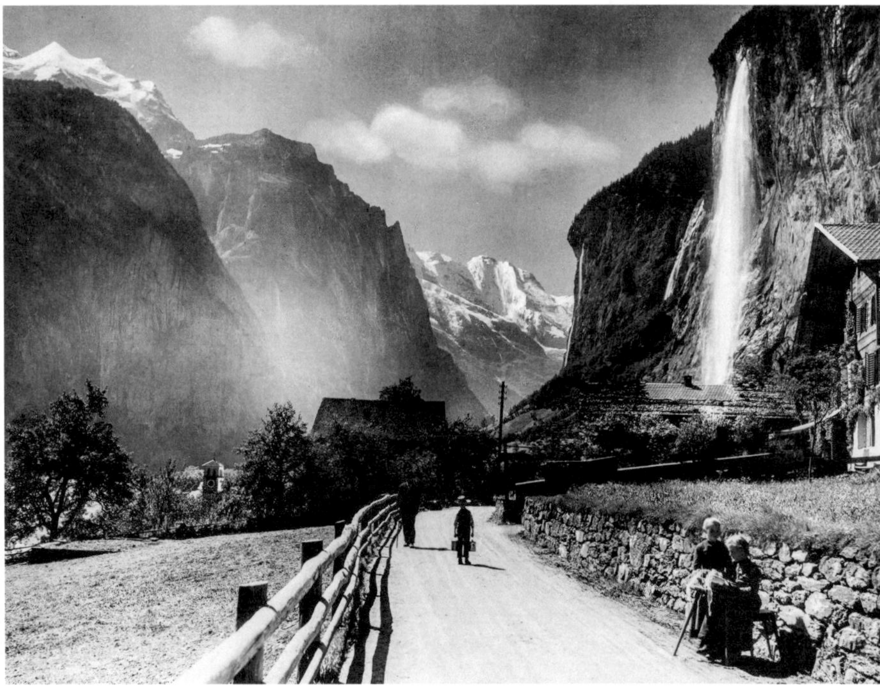

39

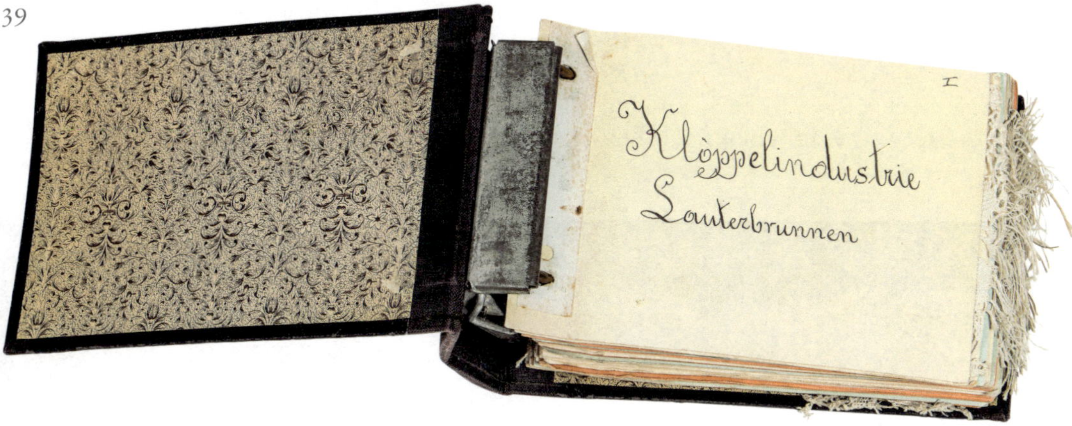
I
Klöppelindustrie
Lauterbrunnen

40

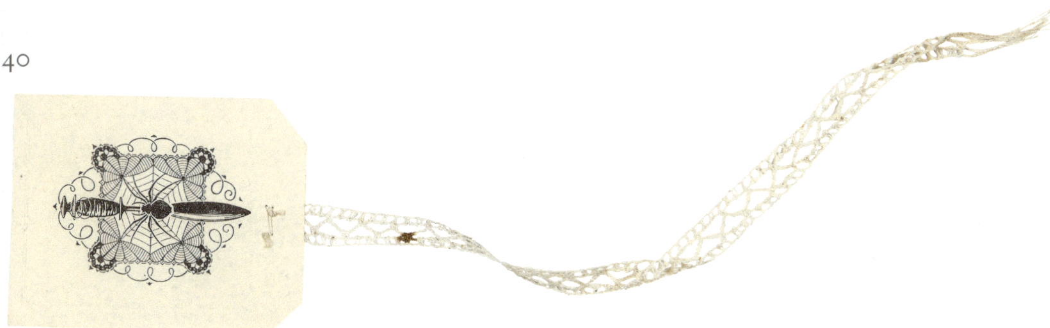

41

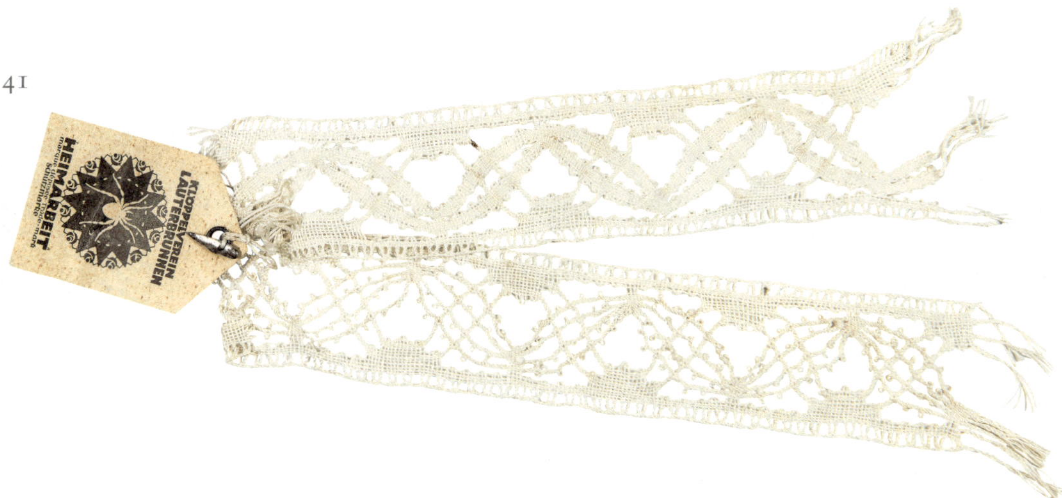
KLÖPPELVEREIN
LAUTERBRUNNEN
HEIMARBEIT
marque déposée Trade-mark
Schutzmarke

42 *Klöppelspitzen*, 17. Jahrhundert, Leinen, auf Karton aufgezogen, 67 × 48 cm, Sammlung Jakob Krauth, Museum für Gestaltung Zürich, Kunstgewerbesammlung, ZHdK

43 *Flandrische Klöppelspitzen ohne Grund*, 2. Hälfte 17. Jahrhundert, Leinen, auf Karton aufgezogen, 67 × 48 cm, Sammlung Mathilde Jörres, Museum für Gestaltung Zürich, Kunstgewerbesammlung, ZHdK

42

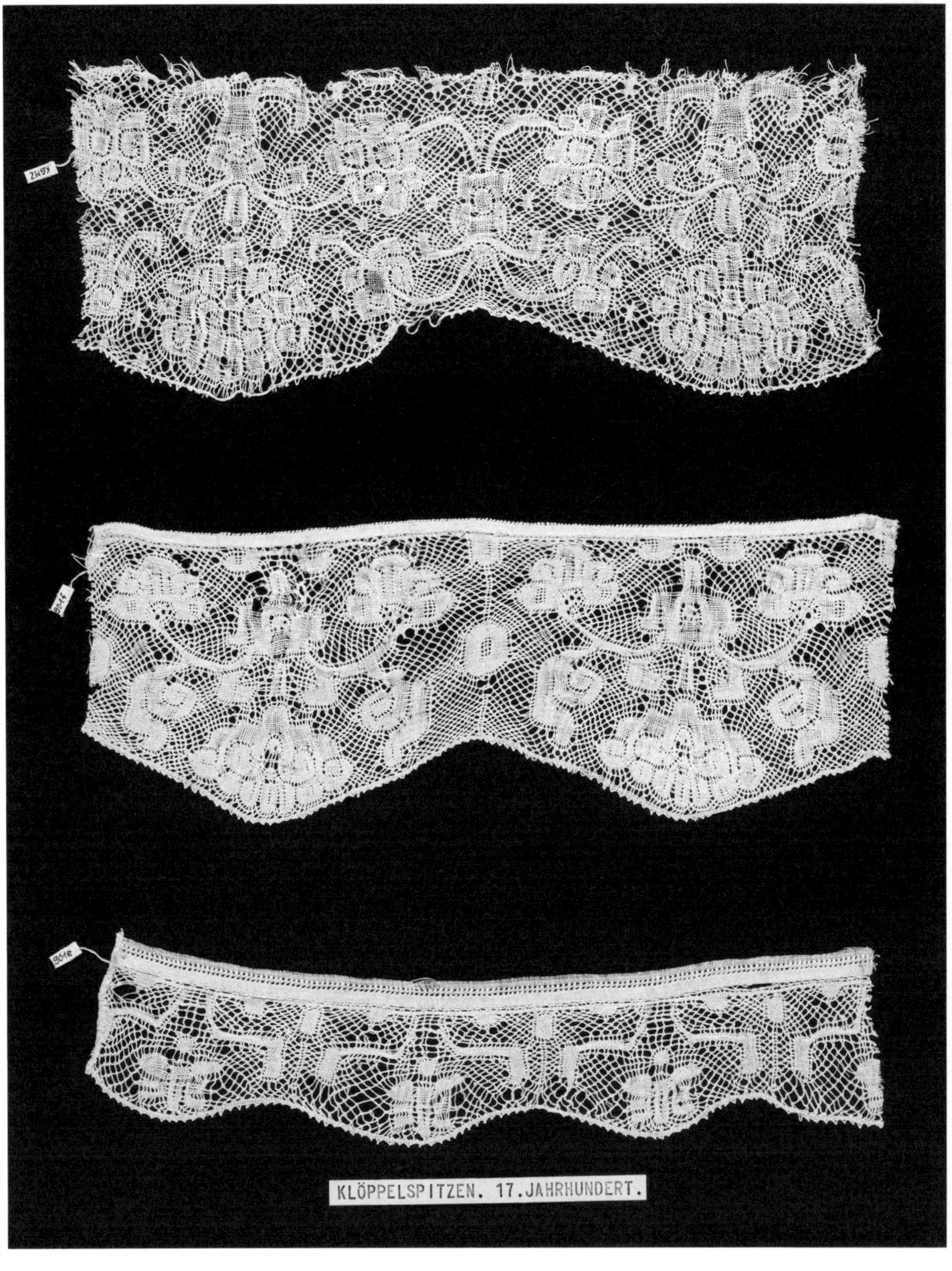

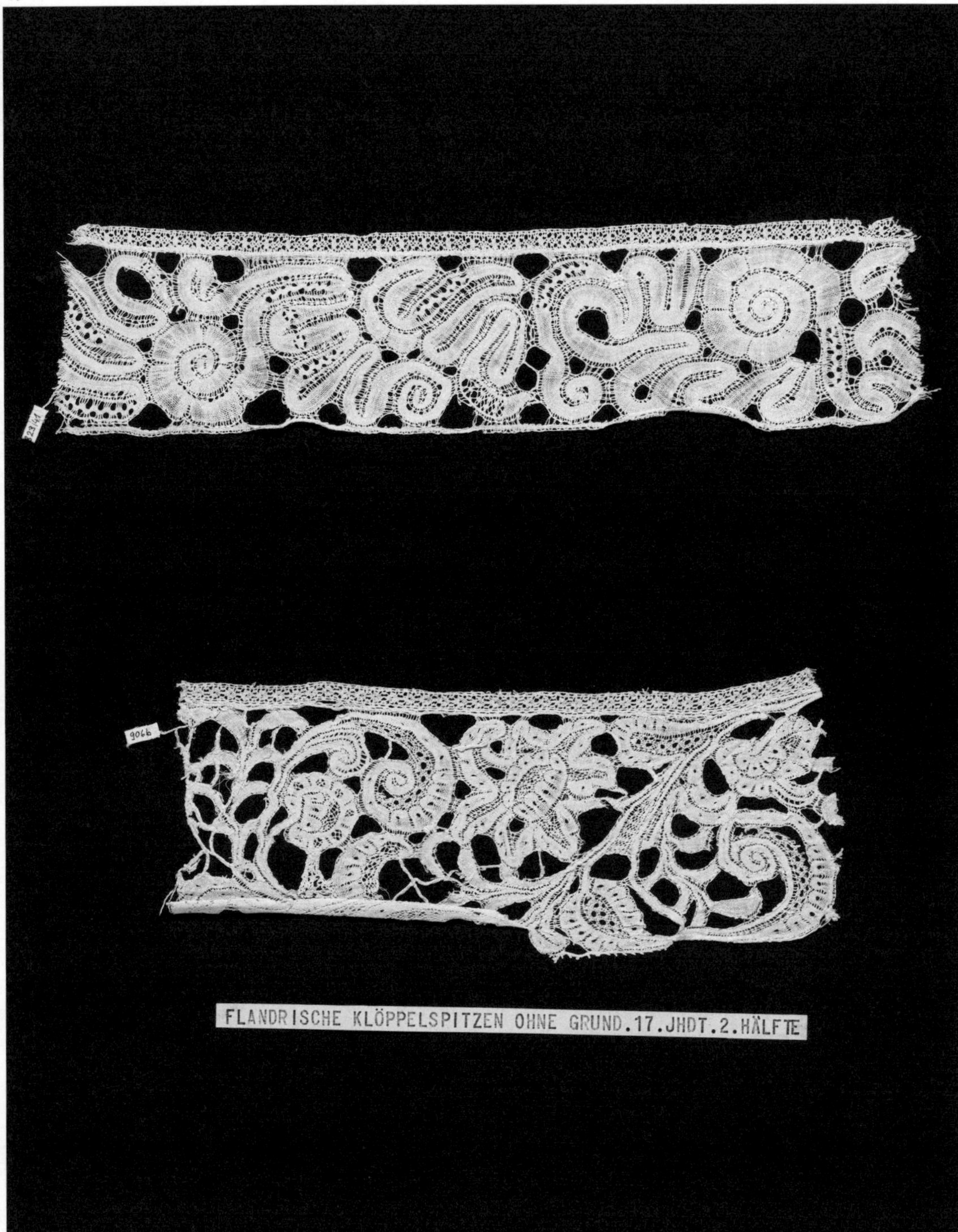

FLANDRISCHE KLÖPPELSPITZEN OHNE GRUND. 17. JHDT. 2. HÄLFTE

44 *Klöppelspitzen*, deutsch oder slawisch, 18.–19. Jahrhundert, Leinen, auf Karton aufgezogen, 67 × 48 cm, Sammlung Mathilde Jörres, Museum für Gestaltung Zürich, Kunstgewerbesammlung, ZHdK

45 *Klöppelspitzen*, slawisch, 18. Jahrhundert, Leinen, auf Karton aufgezogen, 67 × 48 cm, Sammlung Jakob Krauth, Museum für Gestaltung Zürich, Kunstgewerbesammlung, ZHdK

44

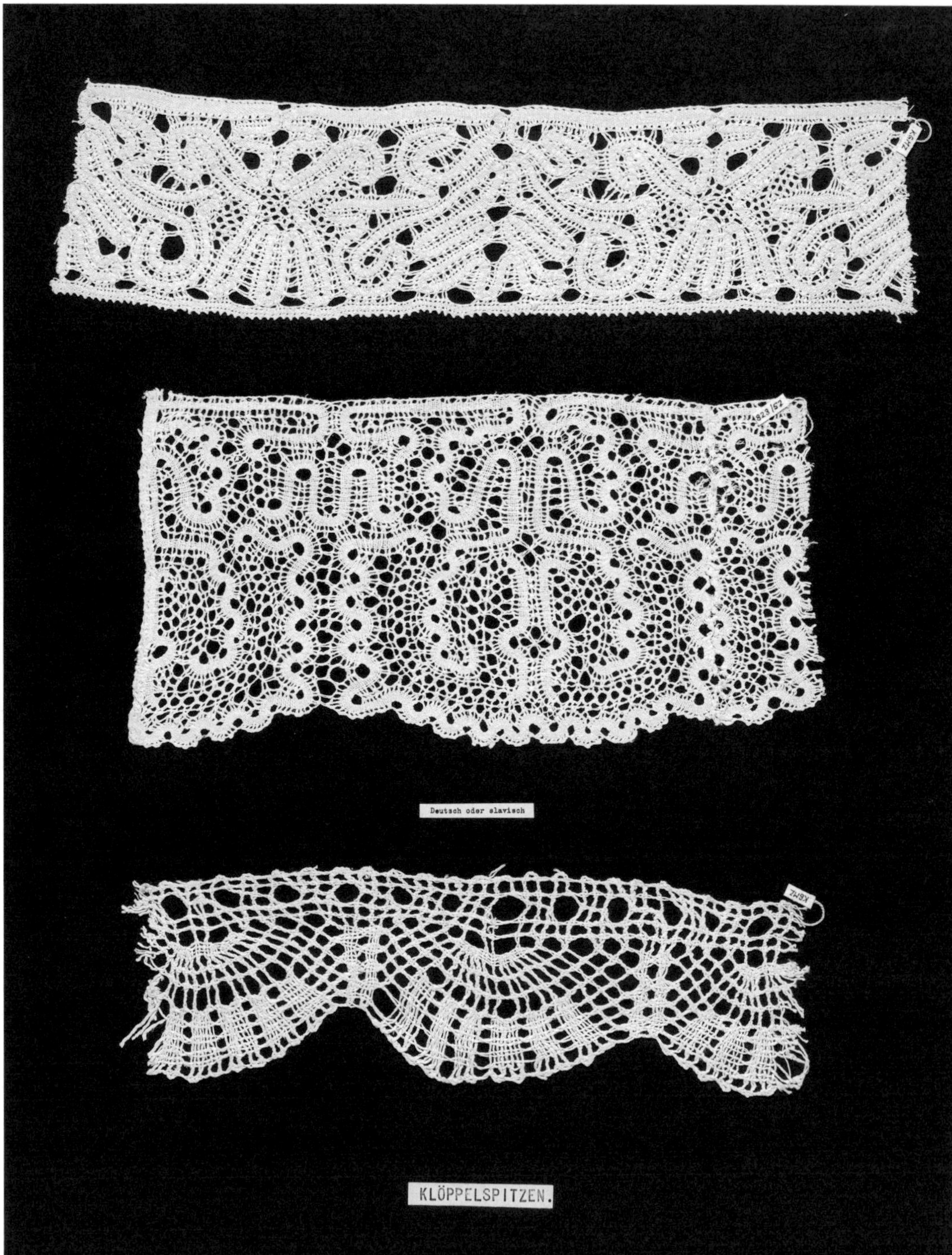

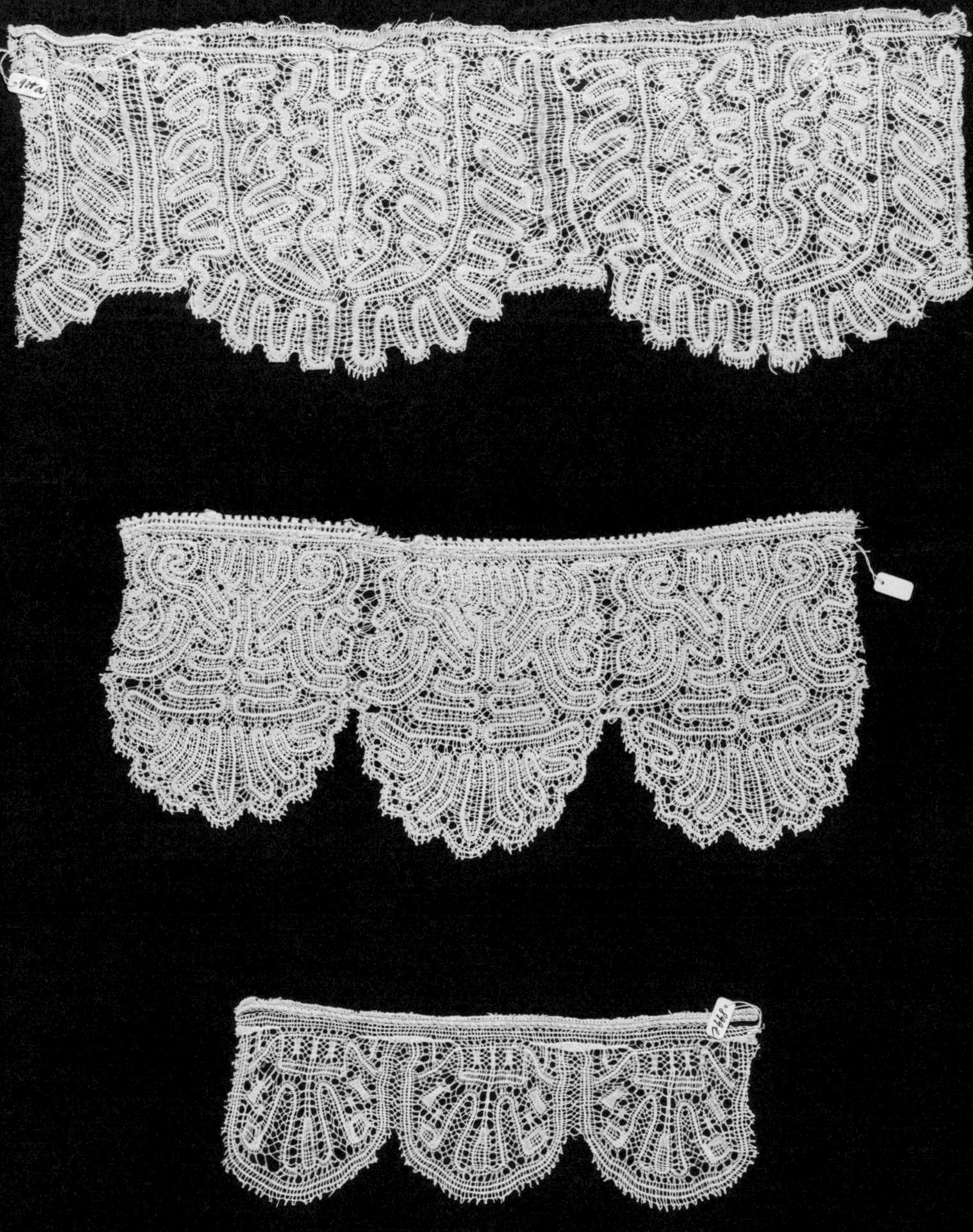

KLÖPPELSPITZEN. RUSSISCH? 17. JAHRHUNDERT.

46 *Klöppelspitzen*, Italien, 16.–17. Jahrhundert, Leinen, auf Karton aufgezogen, 67 × 48 cm, Sammlung Mathilde Jörres, Museum für Gestaltung Zürich, Kunstgewerbesammlung, ZHdK

47 Fachklasse für Sticken mit Lehrerin Alice Frey-Amsler, Unterrichtsdokumentation Kunstgewerbliche Abteilung Gewerbeschule Zürich, um 1920, Abzug von Glasnegativ, 10 × 15 cm, Zürcher Hochschule der Künste, Archiv

46

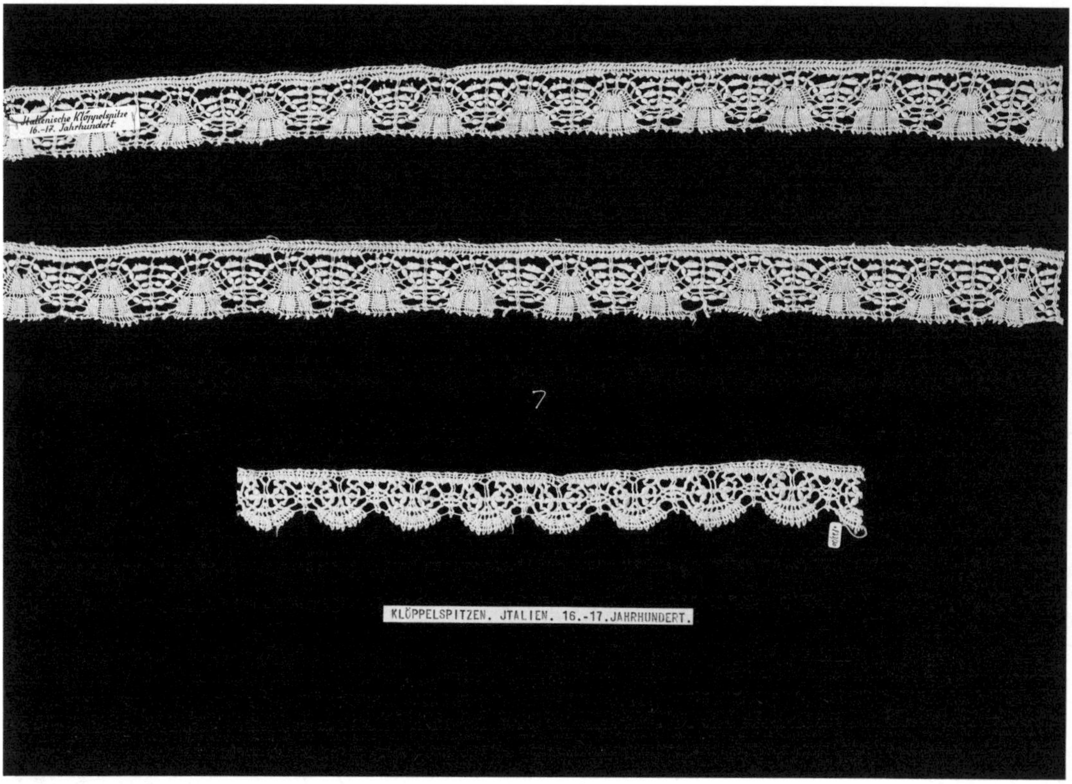

47

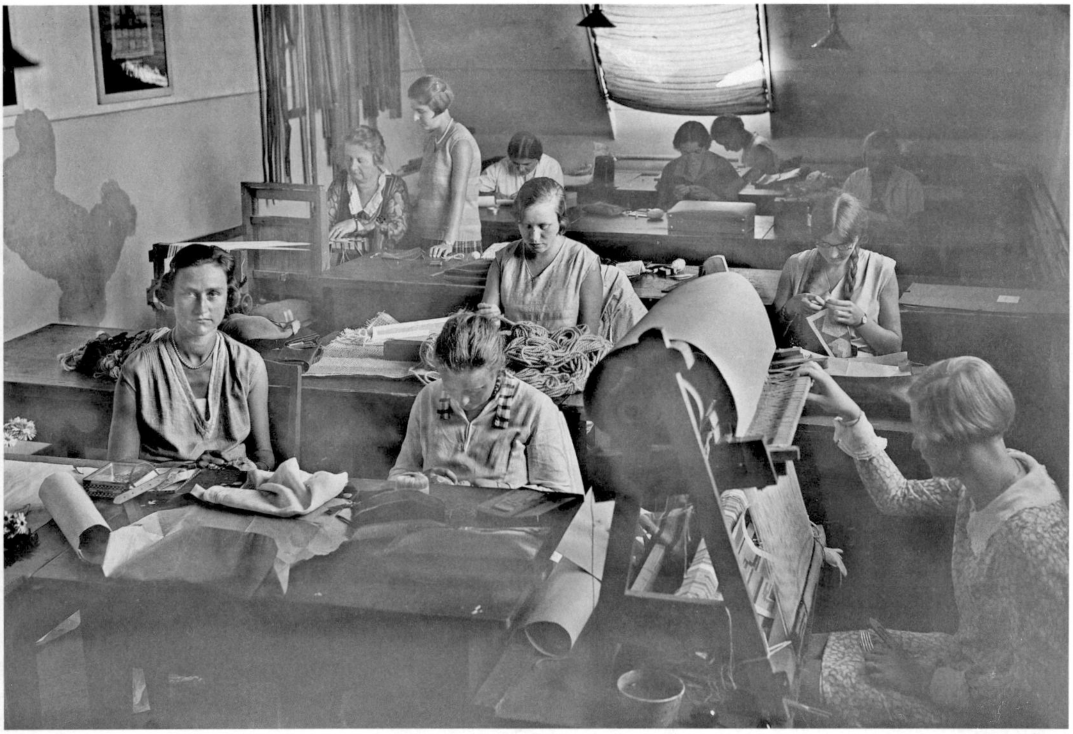

48 Alte Klöppelspitzen zu einem Musterbuch zusammengestellt, vermittelt durch Alice Frey-Amsler, Foto Ernst Linck, 1921, Silbergelatineabzug, 14 × 23,4 cm, auf Karton, 21 × 29,9 cm, Zürcher Hochschule der Künste, Archiv

48

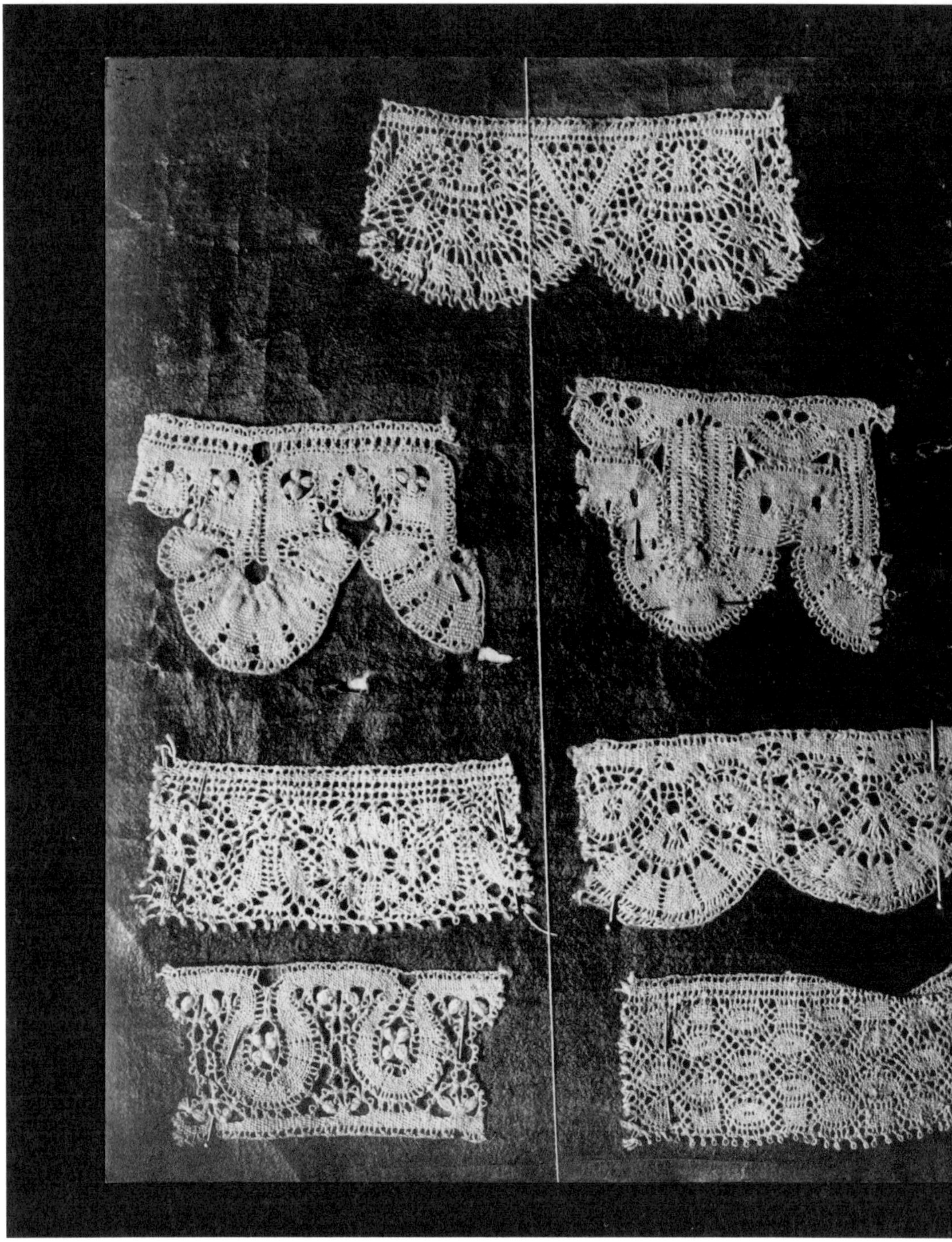

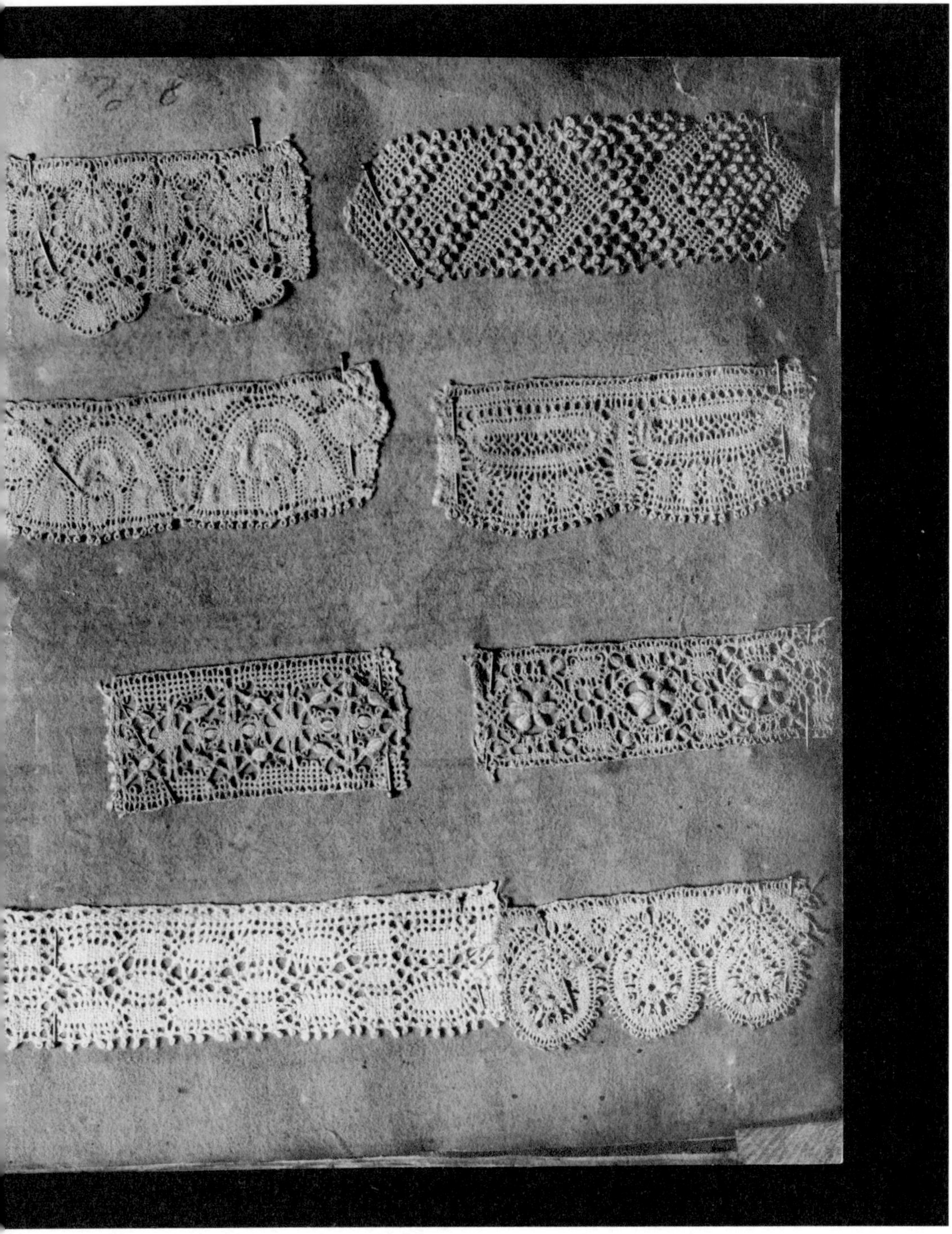

49 Sophie Taeuber, Klöppelmuster Nr. 666, um 1915, Tusche und Bleistift auf Transparentpapier, 25,7 cm, Klöppelindustrie Lauterbrunnen, Tal- und Sagenmuseum Lauterbrunnen

50 Sophie Taeuber, Klöppelmuster Nr. 666, um 1915, Blaupause, 25,7 cm, Klöppelindustrie Lauterbrunnen, Sammlung Maria Lehner, Beatenberg

51 Sophie Taeuber, Geklöppelte Decke, um 1915, Leinen, 24 cm, Ausführung Alice Frey-Amsler, Museum für Gestaltung Zürich, Kunstgewerbesammlung, ZHdK

52 Sophie Taeuber, Klöppelmuster Nr. 357, undatiert, Tusche auf Transparentpapier, 17,8 × 27,3 cm, Verein Heimarbeit Berner Oberland, Tal- und Sagenmuseum Lauterbrunnen

49

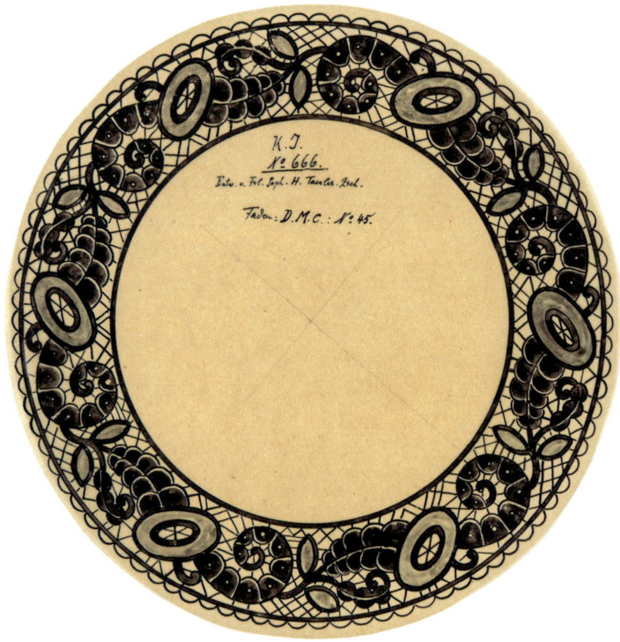

50

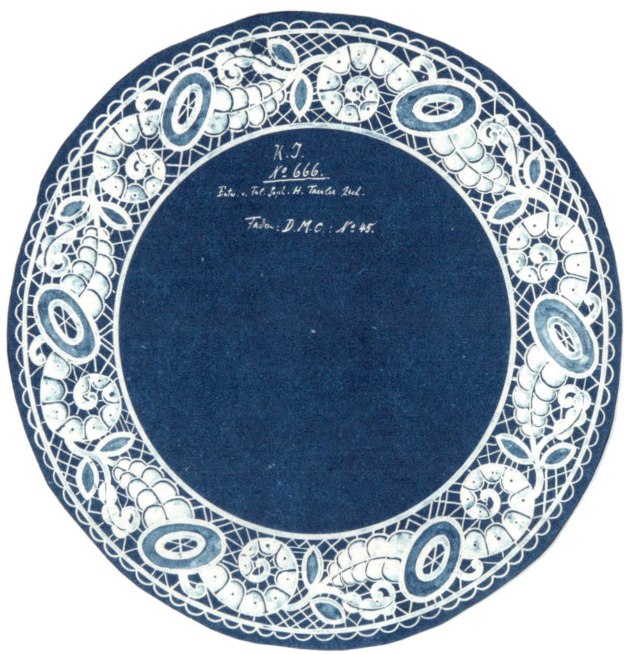

51

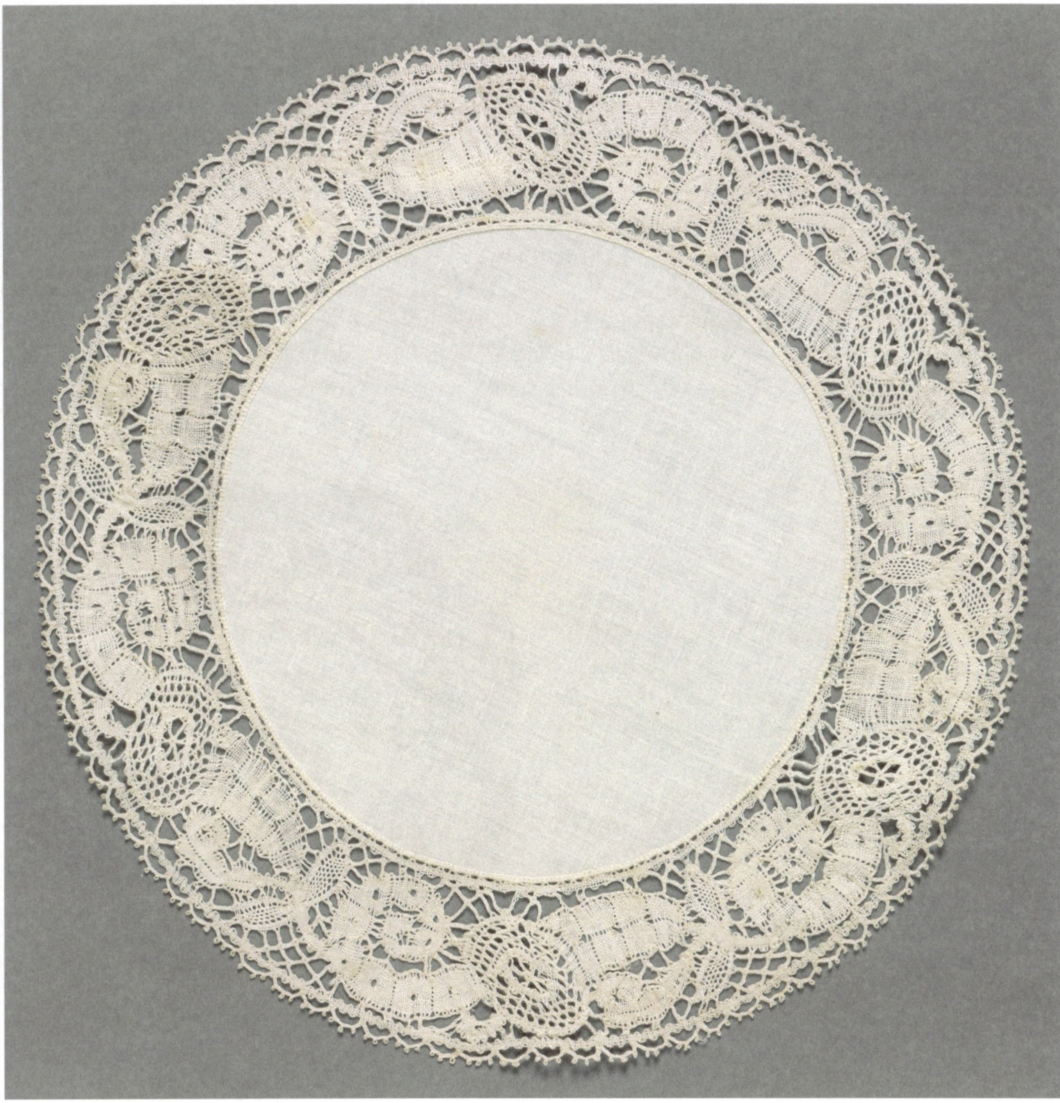

52

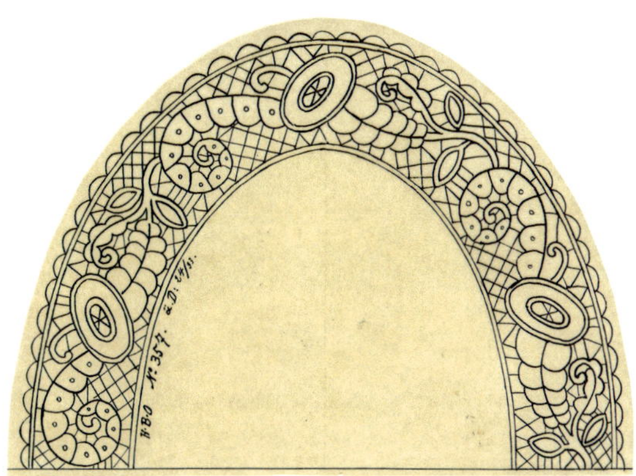

53 Sophie Taeuber, Klöppelmuster Nr. 670, um 1915, Tusche und Bleistift auf Transparentpapier, 21,5 cm, Klöppelindustrie Lauterbrunnen, Tal- und Sagenmuseum Lauterbrunnen

54 Sophie Taeuber, Klöppelmuster Nr. 795, um 1915, Tusche auf Transparentpapier, 30,5 cm, Klöppelindustrie Lauterbrunnen, Tal- und Sagenmuseum Lauterbrunnen

55 Sophie Taeuber, umgesetzt von Marie Kübler, Lauterbrunnen, Klöppelmuster Nr. 167, 1920, Tusche auf Transparentpapier, 20,2 × 27,3 cm, Tal- und Sagenmuseum Lauterbrunnen

56 Sophie Taeuber, umgesetzt von Marie Kübler, Lauterbrunnen, Klöppelmuster Nr. 487, 1918, Tusche auf Transparentpapier, 14 × 27,3 cm, Tal- und Sagenmuseum Lauterbrunnen

57 Sophie Taeuber, umgesetzt von Marie Kübler, Lauterbrunnen, Klöppelmuster Nr. 499, 1917, Tusche auf Transparentpapier, 12 × 54 cm, Tal- und Sagenmuseum Lauterbrunnen

58 Sophie Taeuber, Klöppelmuster Nr. 740, undatiert, Bleistift und Tusche auf Transparentpapier, 8,5 × 28,4 cm, Klöppelindustrie Lauterbrunnen, Tal- und Sagenmuseum Lauterbrunnen

53

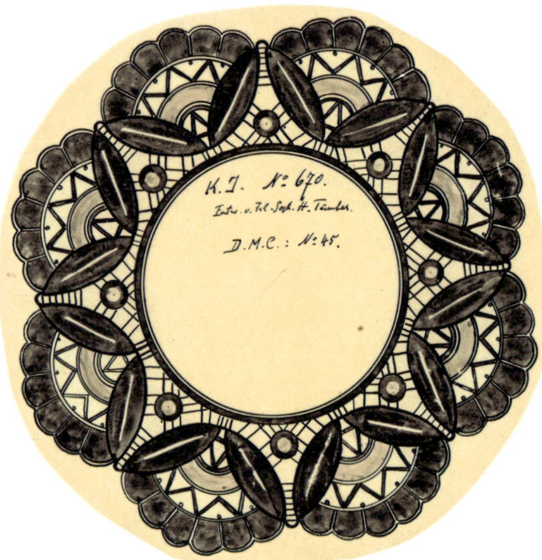

54

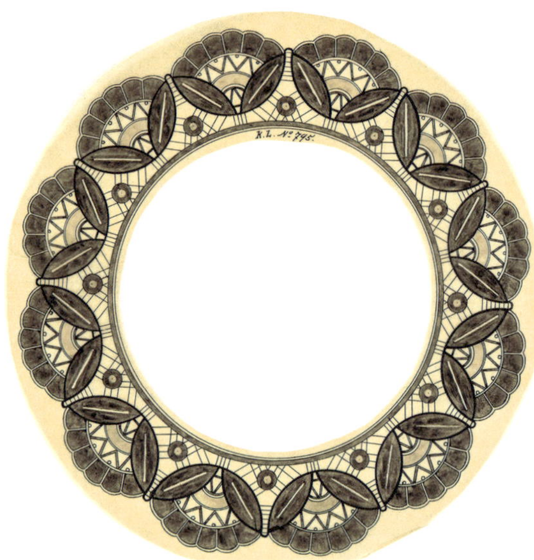

55

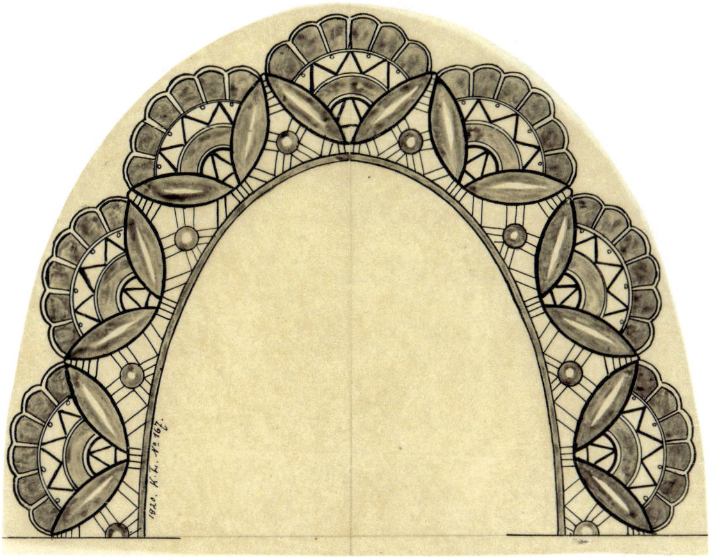

56

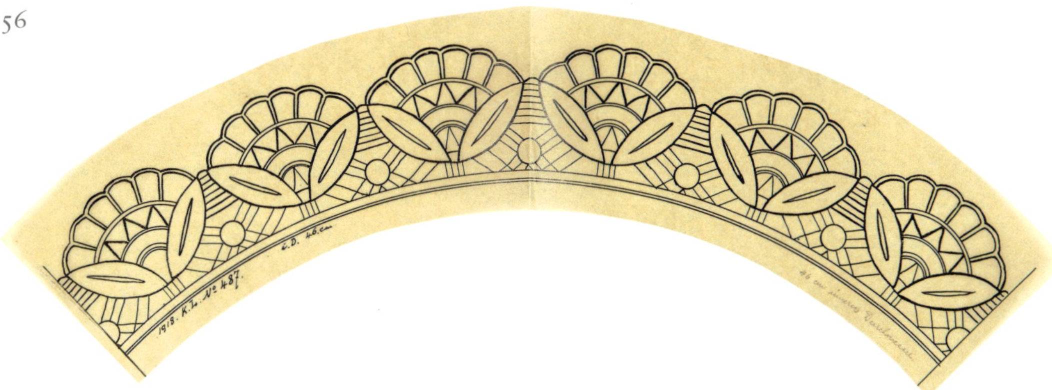

57

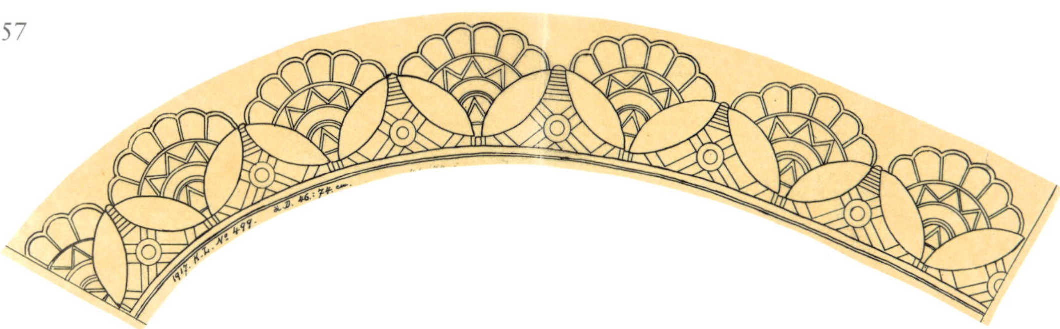

58

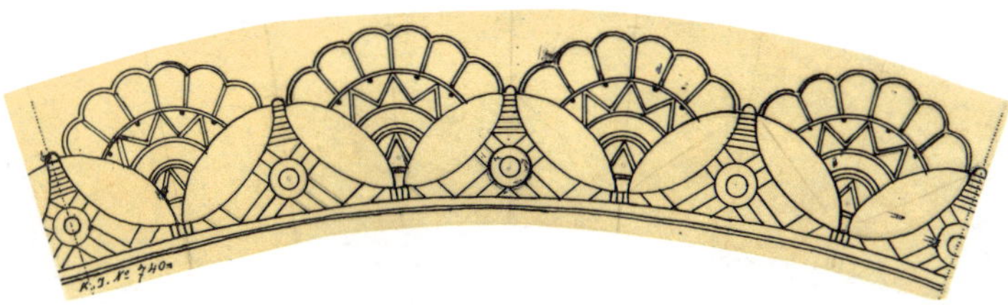

59

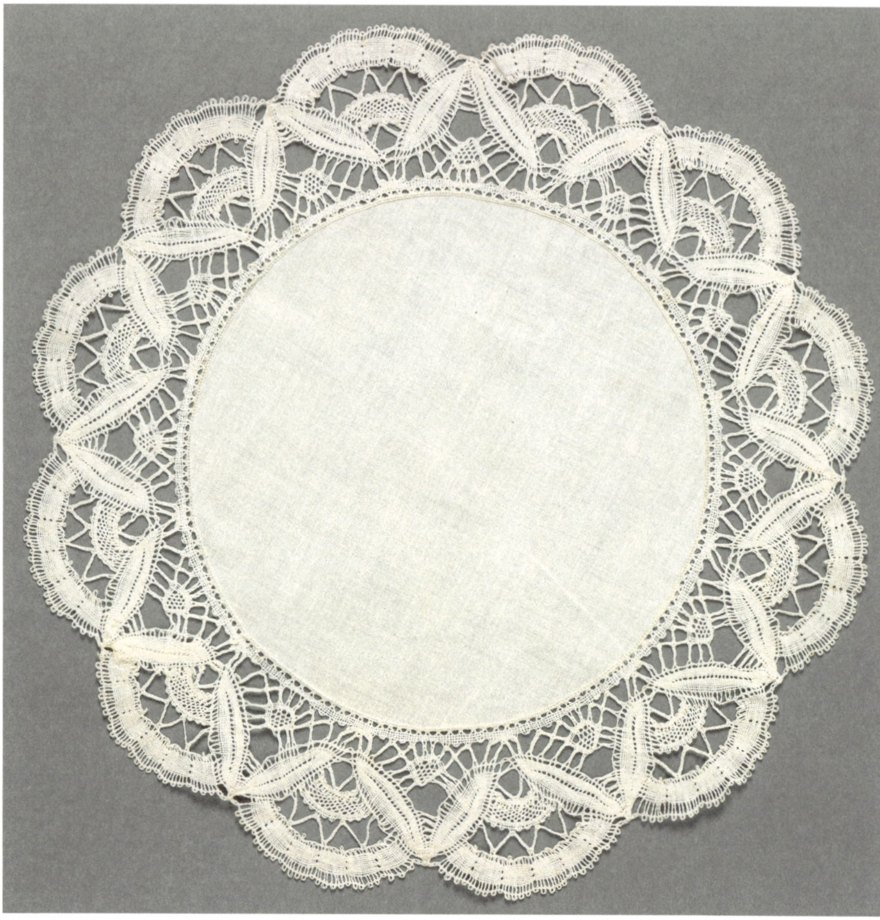

60

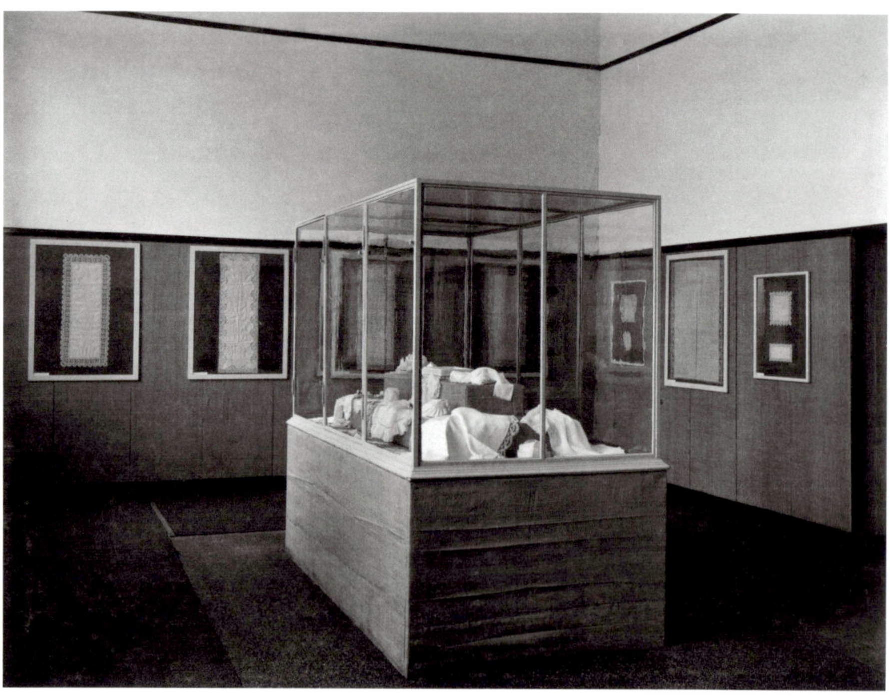

59 Sophie Taeuber, Geklöppelte Decke, um 1915, Leinen, 27,5 cm, Ausführung Alice Frey-Amsler, Museum für Gestaltung Zürich, Kunstgewerbesammlung, ZHdK

60 Ausstellung *Neue Klöppelspitzen*, Kunstgewerbemuseum der Stadt Zürich, 1919, Geklöppelte Decke Sophie Taeuber in Vitrine vorne links, Vintageabzug 17,5 × 23,3 cm, Album *Kunstgewerbemuseum der Stadt Zürich. Wechselnde Ausstellungen*, Juli 1917 bis September 1920, 32,8 × 41,5 cm, Zürcher Hochschule der Künster, Archiv

61 Schülerinnenarbeit Gewerbeschule Zürich, Sophie Taeuber, Geklöppelte Decke, Vintageabzüge, 4,4 × 16,7 cm, 11,7 × 16,7 cm, auf Karton, 50 × 34 cm, Zürcher Hochschule der Künste, Archiv

61

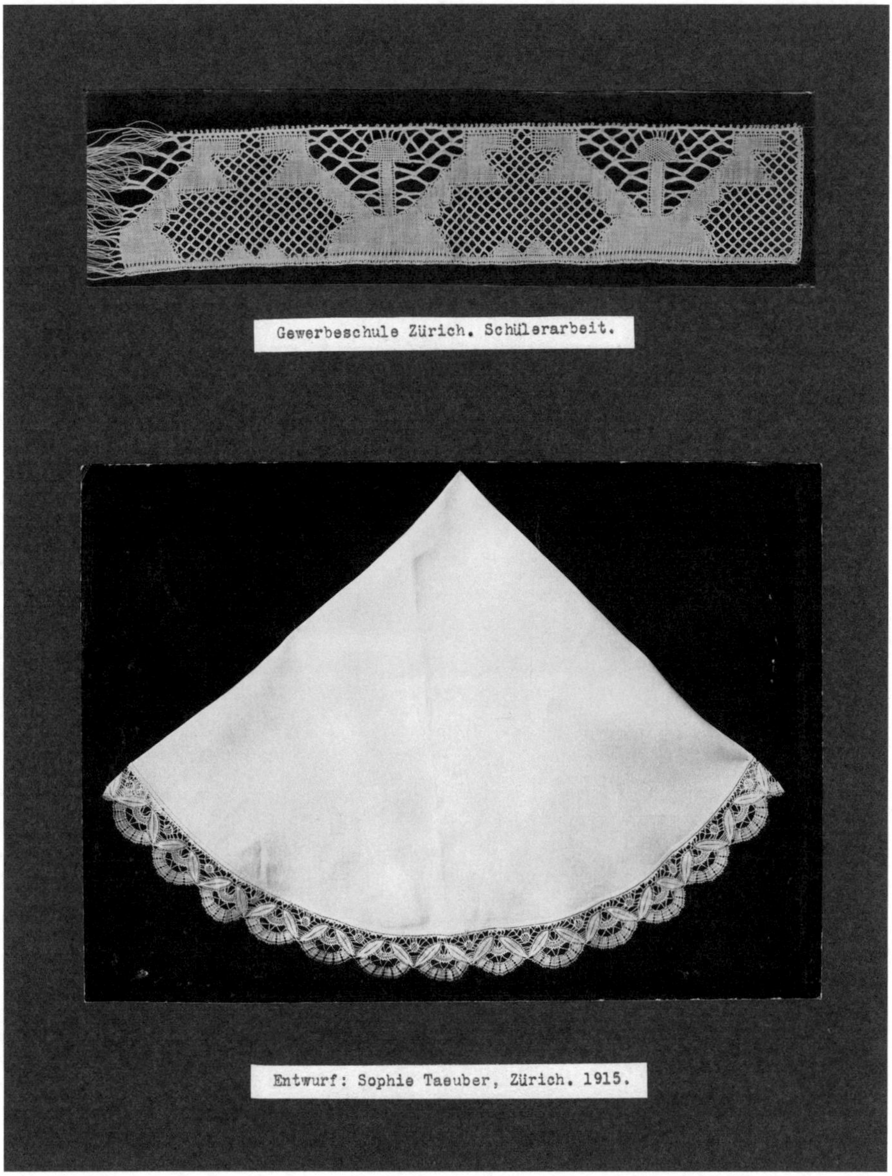

62 Borte, Italien, 2. Viertel 17. Jahrhundert, Klöppelspitze, Leinen, 14,5 × 50 cm, Sammlungen John Jacoby, Leopold Iklé, Textilmuseum St. Gallen

63 *Klöppelspitzen*, Leinen, 17. Jahrhundert, auf Karton aufgezogen, 48 × 67 cm, Sammlung Mathilde Jörres, Museum für Gestaltung Zürich, Kunstgewerbesammlung, ZHdK

64 Sophie Taeuber, Klöppelmuster Nr. 775, Bleistift, Tusche und Gouache auf Transparentpapier, 20,2 × 13,5 cm, Tal- und Sagenmuseum Lauterbrunnen

62

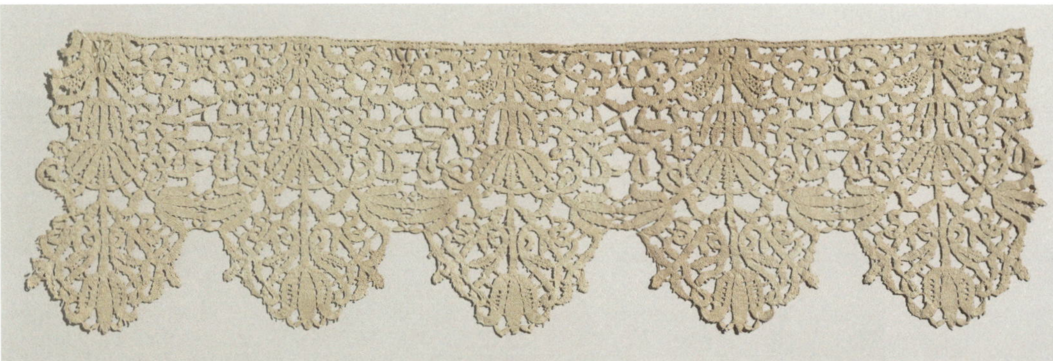

63

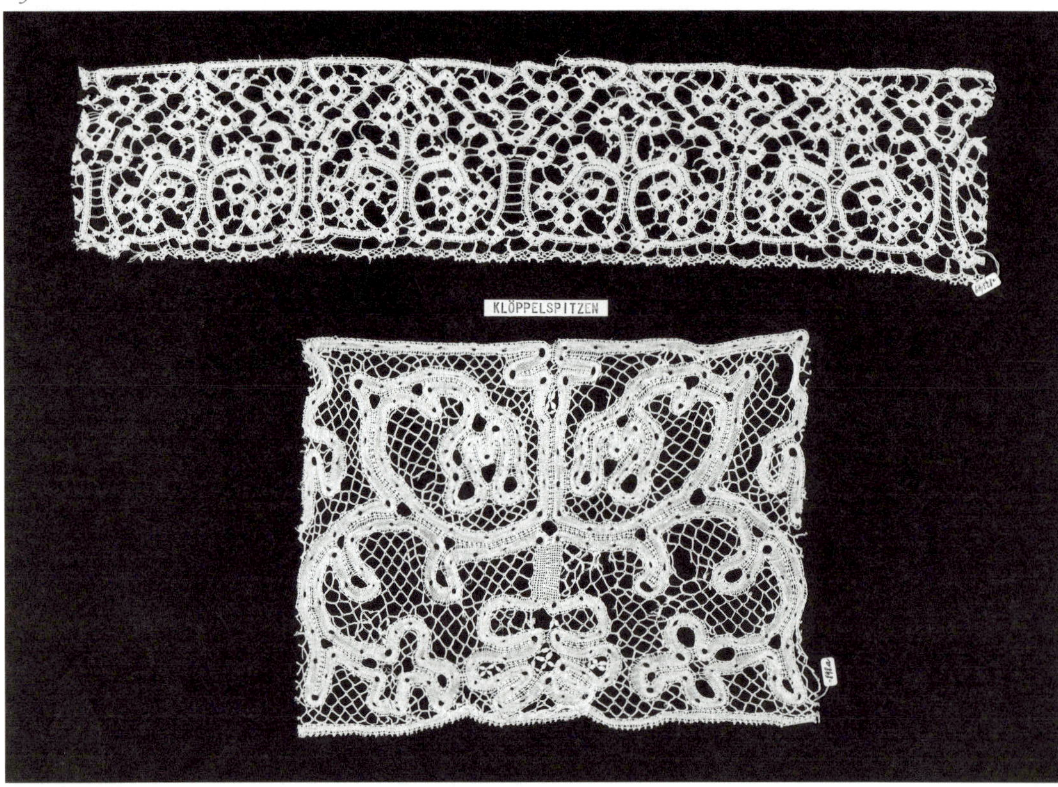

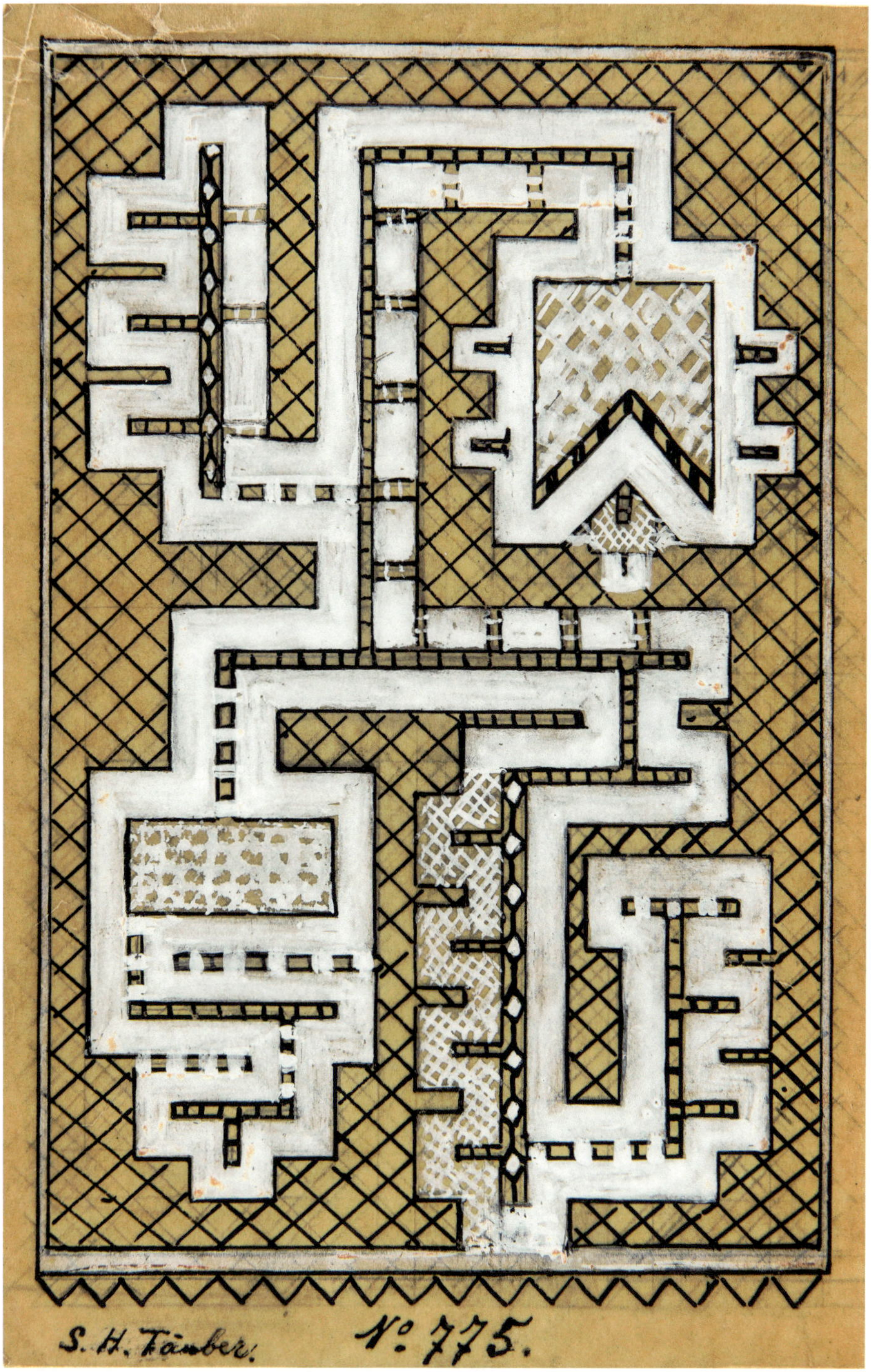
S. H. Fäuber.
No. 775.

65 Robert Frey, Klöppelmuster Nr. 741, 1917, Bleistift und Tusche auf Transparentpapier, 3,8 × 31 cm, Tal- und Sagenmuseum Lauterbrunnen

66 Robert Frey, Klöppelmuster Nr. 743, 1916, Bleistift und Tusche auf Transparentpapier, 7,8 × 32 cm, Tal- und Sagenmuseum Lauterbrunnen

67 Klöppelmuster Nr. 763, undatiert, Bleistift und Tusche auf Transparentpapier, 16 × 47,5 cm, Klöppelindustrie Lauterbrunnen, Tal- und Sagenmuseum Lauterbrunnen

68 Bertha Hürlimann-Hirzel, Klöppelmuster Nr. 514, undatiert, Bleistift und Tusche auf Transparentpapier, 21,5 × 40,7 cm, Tal- und Sagenmuseum Lauterbrunnen

69 Marie Kübler, Lauterbrunnen, Klöppelmuster Nr. 527, 1918, Tusche auf Transparentpapier, 17 × 51 cm, Tal- und Sagenmuseum Lauterbrunnen

70 Marie Kübler, Lauterbrunnen, Klöppelmuster Nr. 412, undatiert, Tusche auf Transparentpapier, 8 cm, Tal- und Sagenmuseum Lauterbrunnen

65

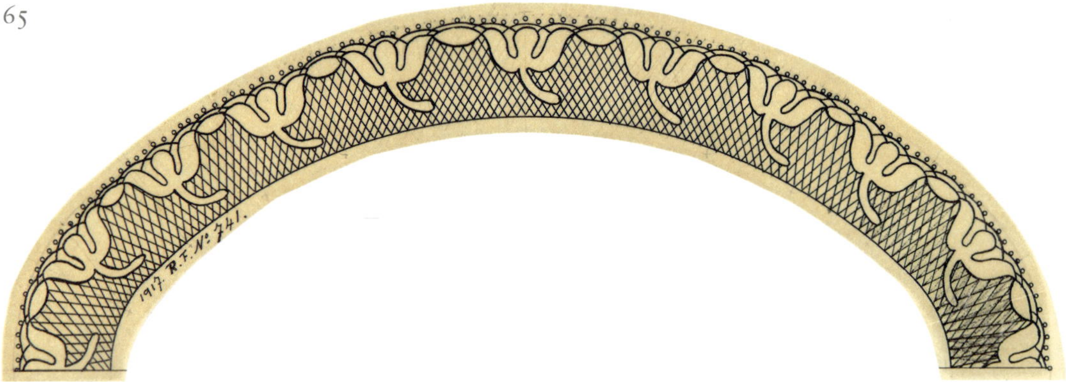

66

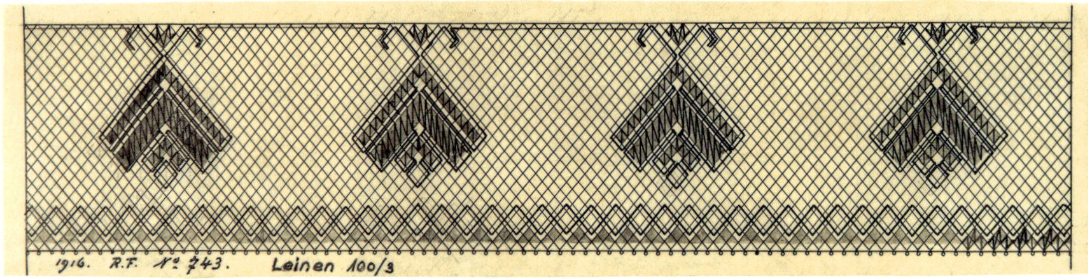

67

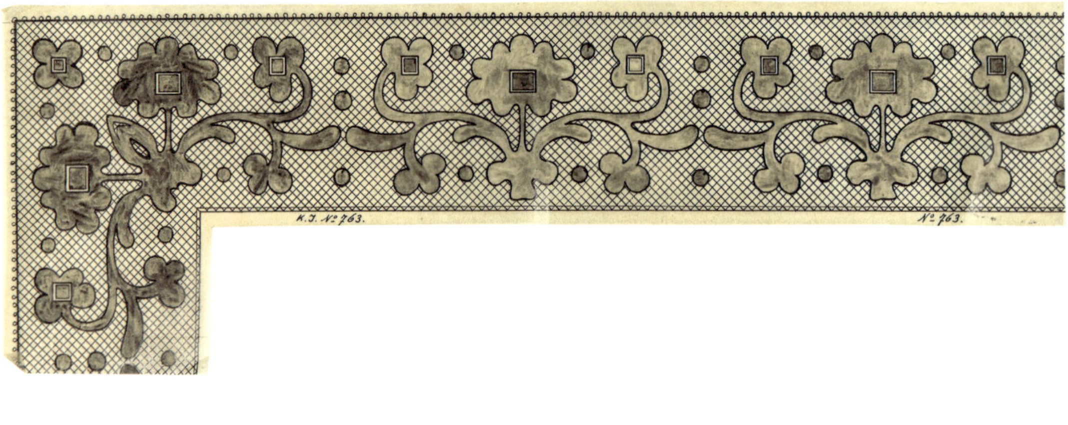

68

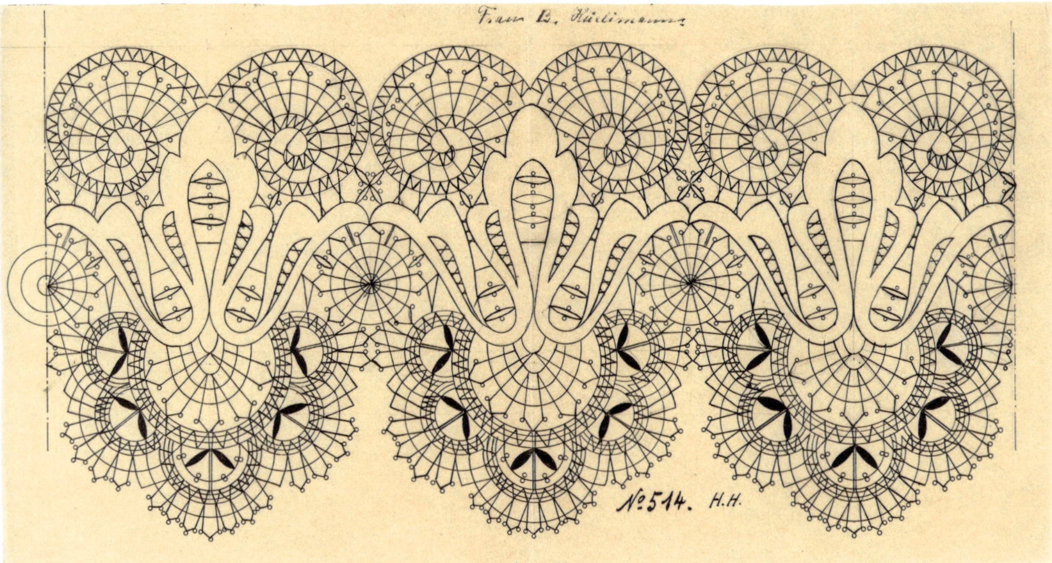

69

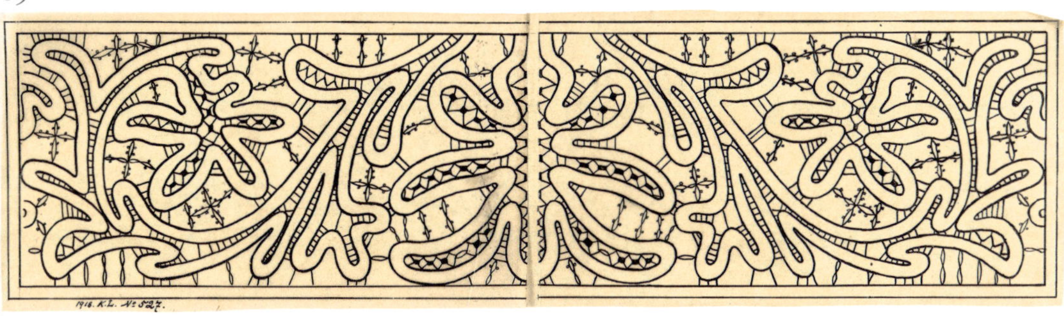

70

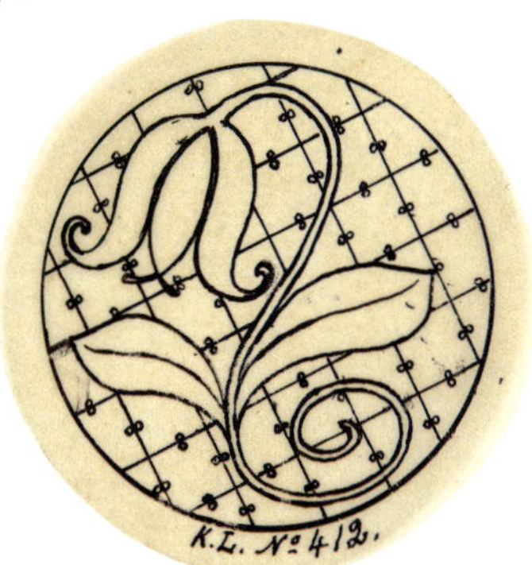

71 Volant, Westeuropa, 2. Viertel 17. Jahrhundert, Gewebe, Stickerei, Klöppelspitze, Leinen, 9,5 × 40 cm, Sammlung Leopold Iklé, Textilmuseum St. Gallen

72 Runde Decken mit Klöppelspitzen, Entwurf Sophie Taeuber, Ausführung Alice Frey-Amsler, in: Franziska Anner, Carl Ebner (Hg.): *Die kunstgewerbliche Arbeit der Frau in der Schweiz*, Chur: Schweizerland, 1916, Taf. 20

73 Schülerin Fachklasse für Sticken Sophie Taeuber, Gewerbeschule Zürich, Klöppelspitze, Leinen, Druck, 10 × 16 cm, Aargauer Kunsthaus, Aarau

71

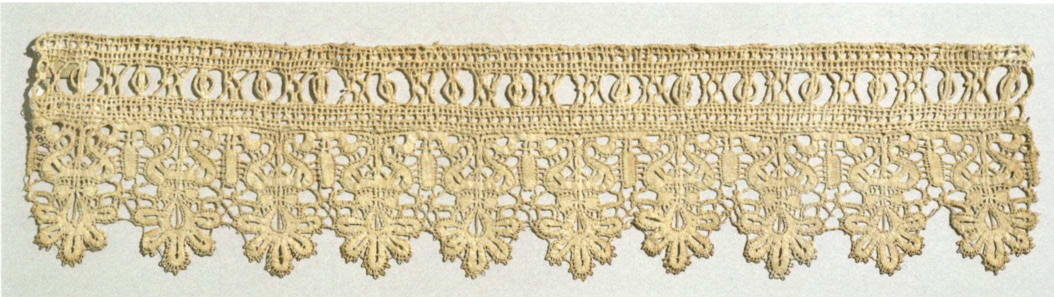

72

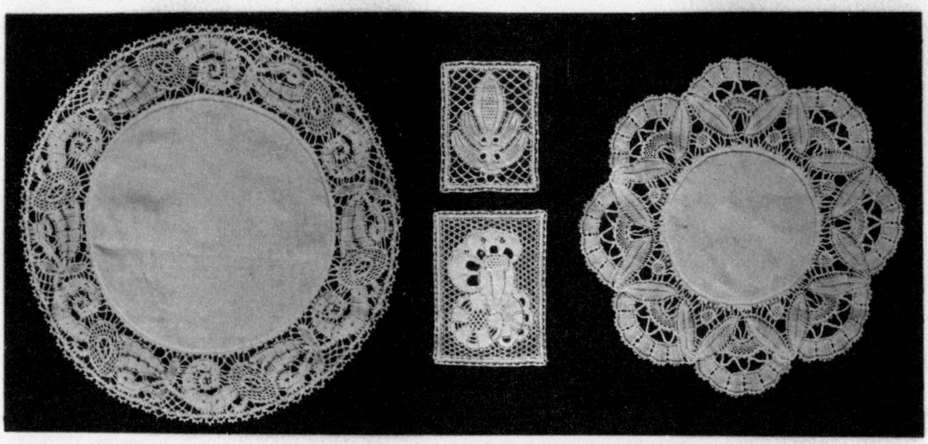

Entwurf für die geklöppelten Spitzen der Deckchen von Sophie Taeuber, Zürich. Ausführung von Alice Frey-Amsler Aarau.

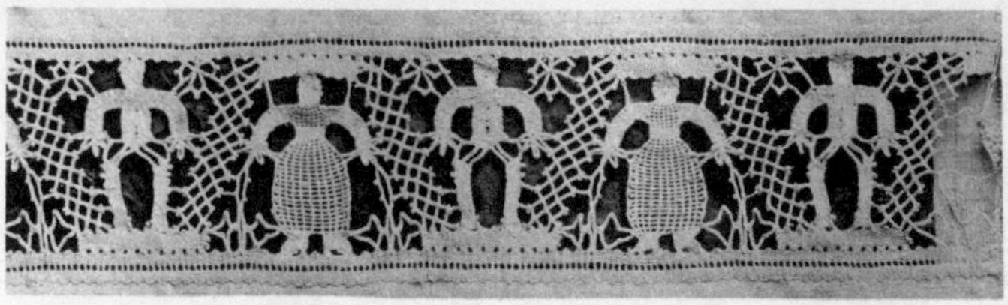

Alice Frey-Amsler, Aarau, Copie einer alten Spitze aus den Abruzzen.

Zwei Motive entworfen u. geklöppelt von Schülerinnen der Gewerbeschule in Zürich. Lehrerin Alice Frey-Amsler, Aarau.

73

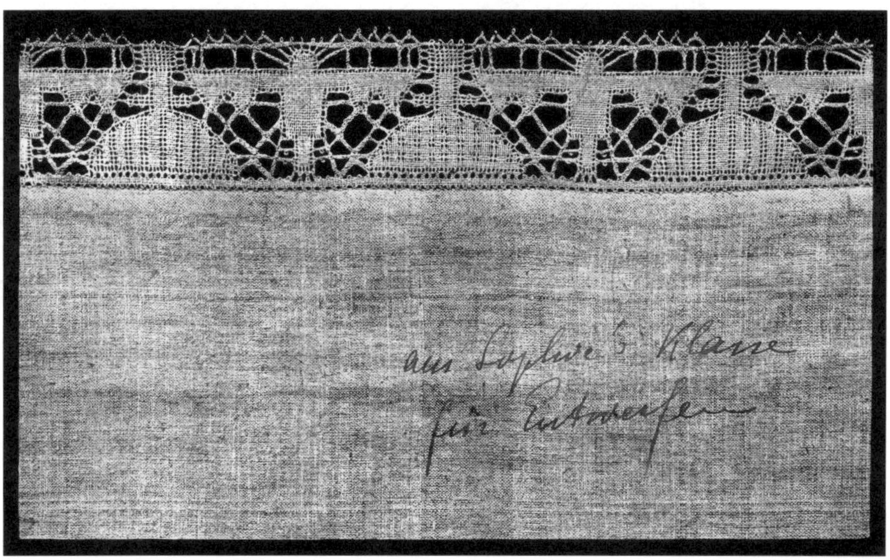

74 Schülerin Fachklasse für Sticken, Gewerbeschule Zürich, Klöppelspitze, Leinen, in: Wegleitungen des Kunstgewerbemuseums der Stadt Zürich, Nr. 28, 1919

75 Schülerin Fachklasse für Sticken, Gewerbeschule Zürich, Klöppelspitze, in: *Das Werk* (1920), Nr. 6, S. 122

76 Sophie Taeuber, Notizbuchhülle, um 1918, Stickerei, Glasperlen und Garn, 13 × 15 cm, Aargauer Kunsthaus, Aarau, Depositum aus Privatbesitz

74

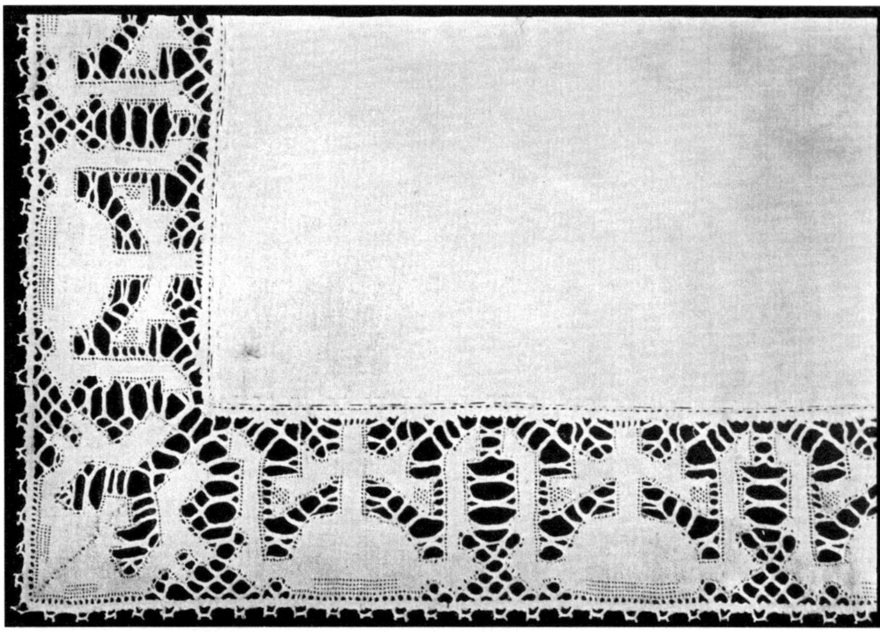

75

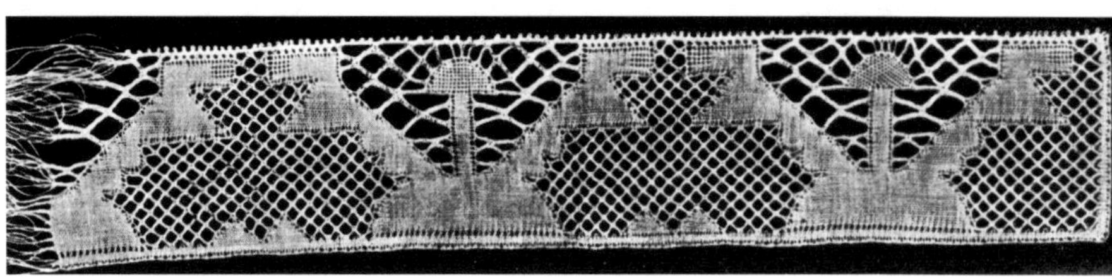

76

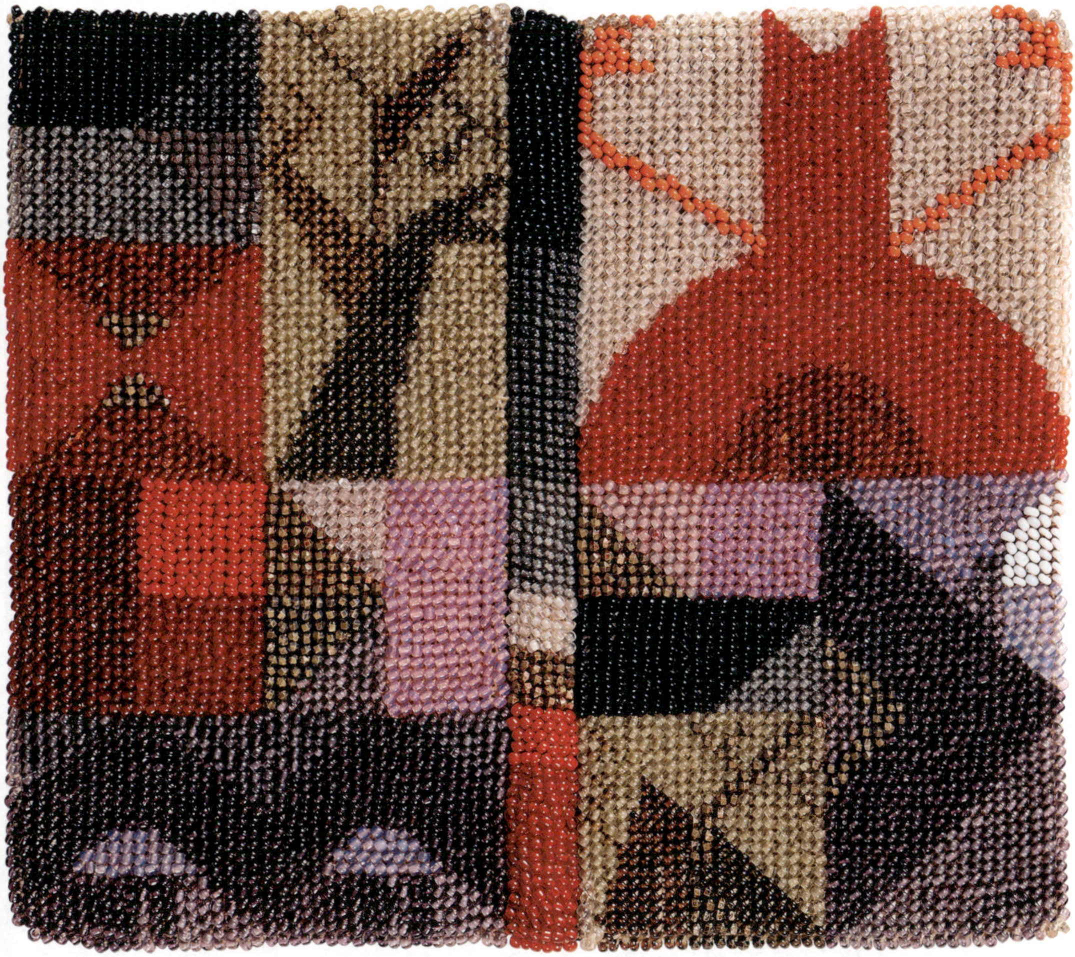

77 Schülerin Fachklasse für Sticken, Gewerbeschule Zürich, Bändchenspitze, Foto Ernst Linck, in: S. H. Arp-Taeuber, Blanche Gauchat, *Zeichnen für textile Berufe*, Zürich: Verlag Schul- und Bureaumaterialverwaltung der Stadt Zürich, 1927, Taf. 4

78 Otto Czeschka, Klöppelspitzen, in: *Stickerei- und Spitzen-Rundschau* (1918/19), S. 96

79 Luise Appenzeller, Kragen und Ärmelbesatz, um 1925, Bändchenspitze, Baumwolle, 5,7 × 25,5 cm, 5,6 cm × 4,7 cm, Museum für Gestaltung Zürich, Kunstgewerbesammlung, ZHdK

80 Wilhelm von Debschitz, Nadelspitze, Ausführung Schule für künstlerische Nadelspitzen Hirschberg, in: *Die Kunst. Monatshefte für freie und angewandte Kunst* (1910), S. 414

77

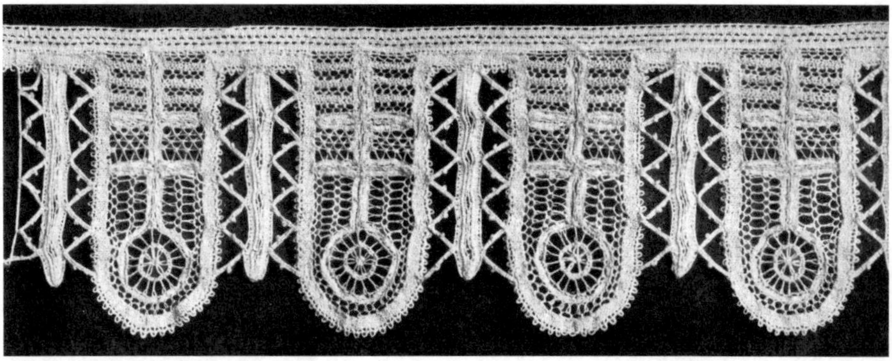

78

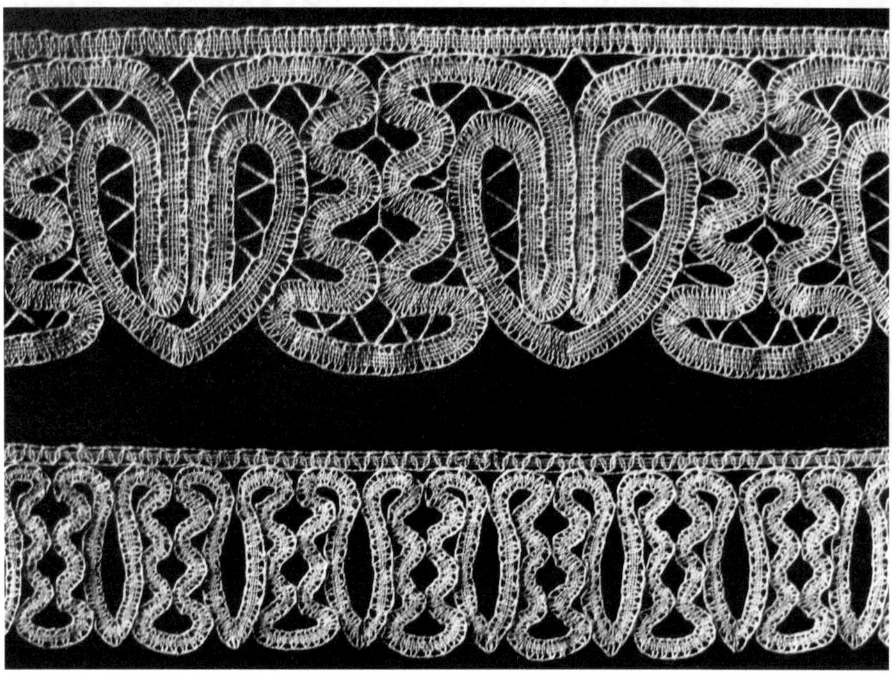

79

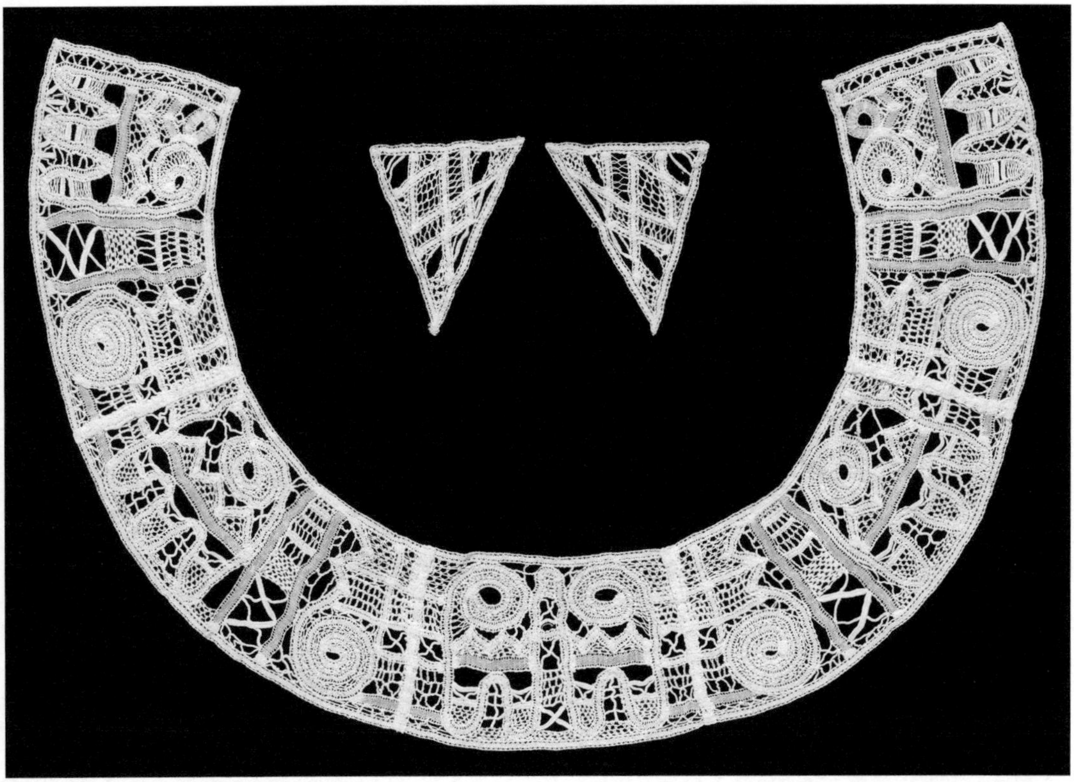

80

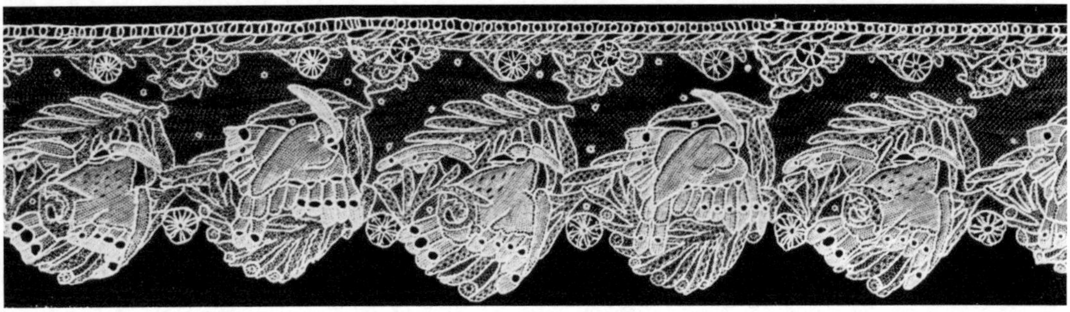

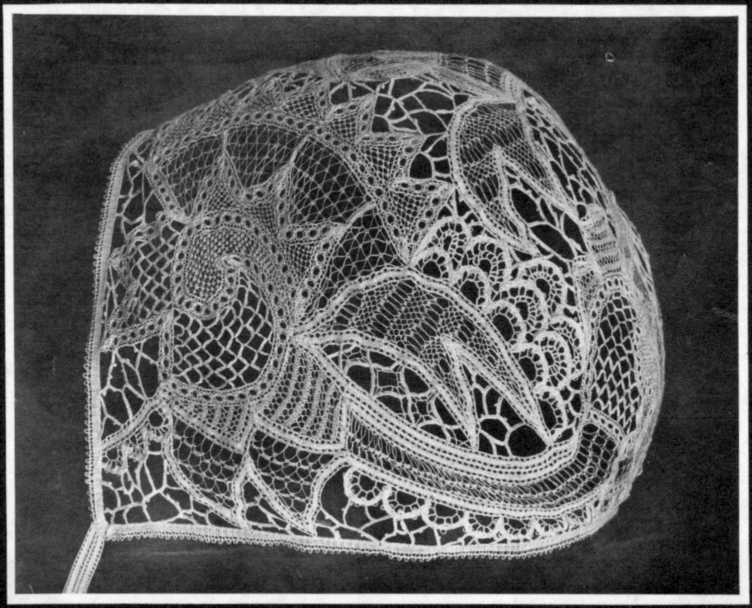

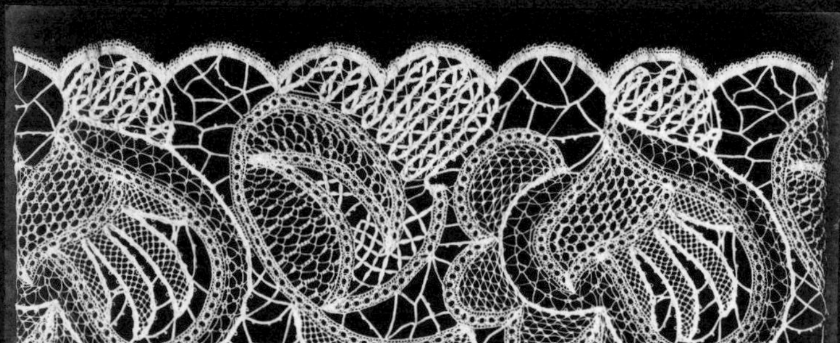

Gewerbeschule Zürich. Schülerarbeiten.

81 Schülerin Fachklasse für Sticken, Gewerbeschule Zürich, Nadelspitzen, um 1924, Vintageabzüge, 12,2 × 15,8 cm, 8 × 15,5 cm, auf Karton, 50 × 34 cm, Zürcher Hochschule der Künste, Archiv

82 Schülerin Fachklasse für Sticken, Gewerbeschule Zürich, *Bändchenspitze*, um 1924, Vintageabzug, 15,8 × 15,9 cm, auf Karton, 50 × 34 cm, Zürcher Hochschule der Künste, Archiv

82

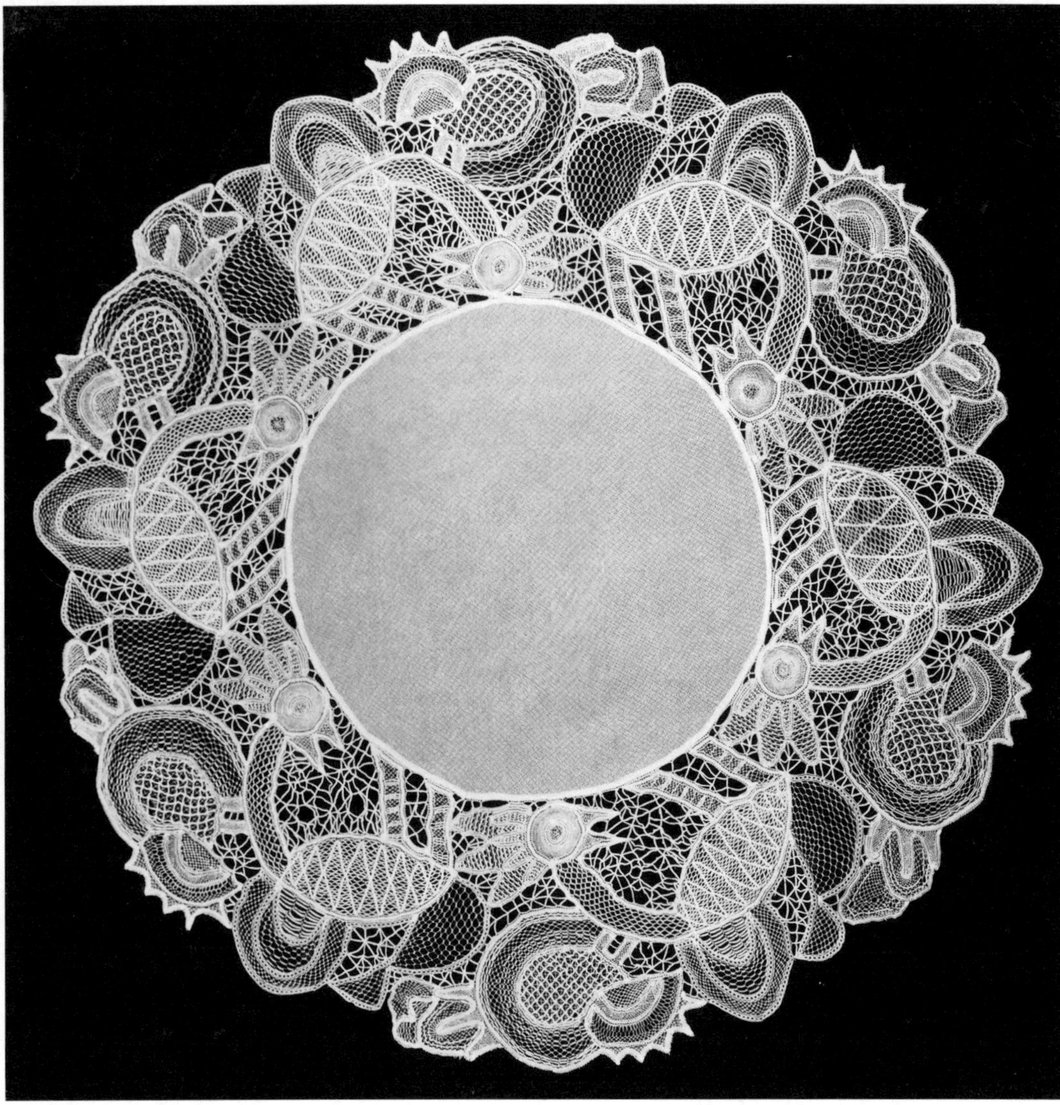

83

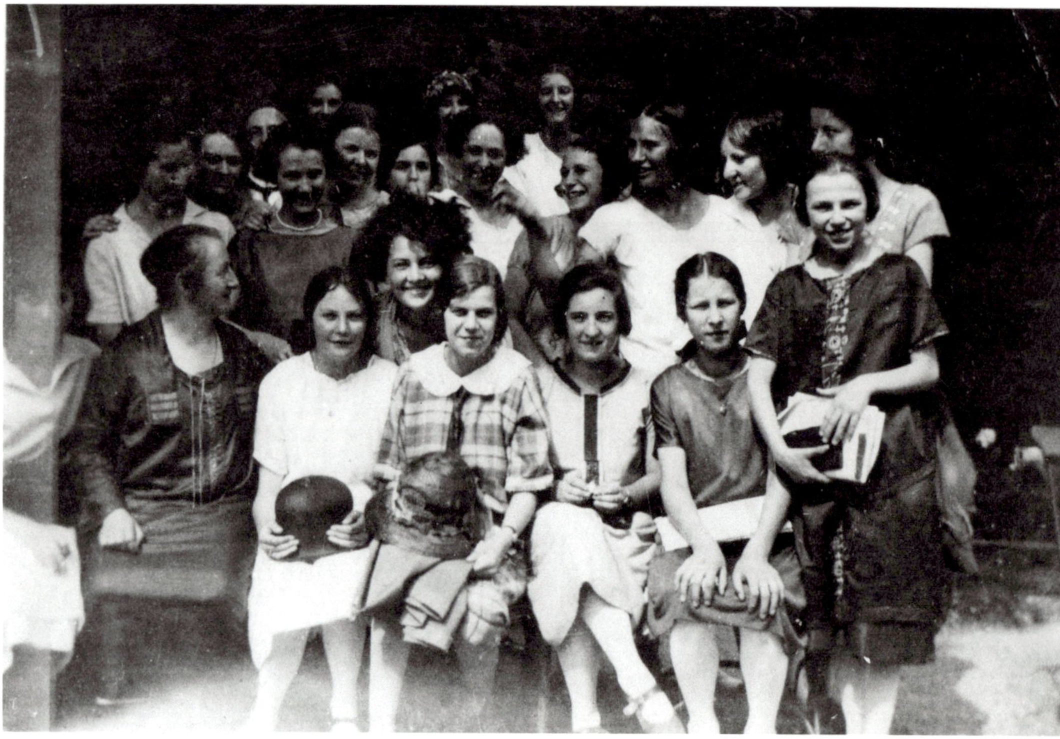

84

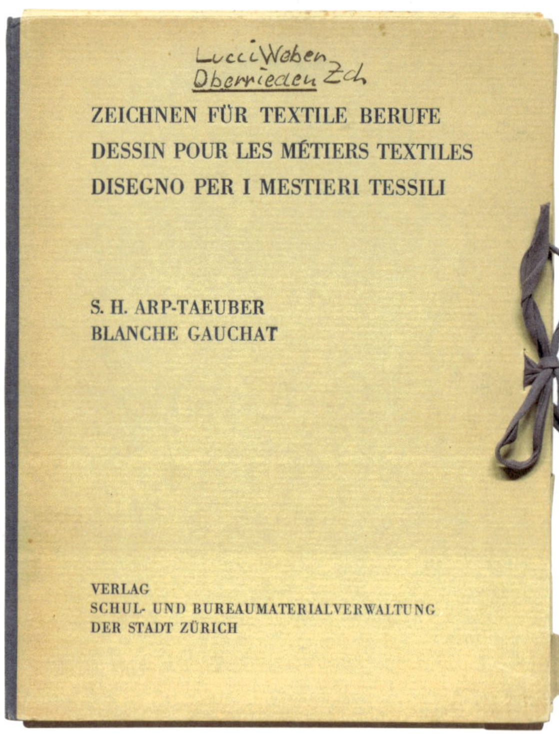
Lucci Weben
Oberrieden Zch
ZEICHNEN FÜR TEXTILE BERUFE
DESSIN POUR LES MÉTIERS TEXTILES
DISEGNO PER I MESTIERI TESSILI
S. H. ARP-TAEUBER
BLANCHE GAUCHAT
VERLAG
SCHUL- UND BUREAUMATERIALVERWALTUNG
DER STADT ZÜRICH

83 Textilklasse der Gewerbeschule Zürich mit den Lehrerinnen Alice Frey-Amsler und Sophie Taeuber-Arp, um 1925, späterer Abzug, 12 × 17,7 cm, Zürcher Hochschule der Künste, Archiv

84 S. H. Arp-Taeuber, Blanche Gauchat, *Zeichnen für textile Berufe*, Zürich: Verlag Schul- und Bureaumaterialverwaltung der Stadt Zürich, 1927

85 Borte, Venedig, 16. Jahrhundert, Nadelspitze, Leinen, 16 × 47 cm, Sammlung John Jacoby, Textilmuseum St. Gallen

86 Einsatz, Grossbritannien, 16. Jahrhundert, Nadelspitze, Leinen, 10 × 152 cm, Sammlung Leopold Iklé, Textilmuseum St. Gallen

85

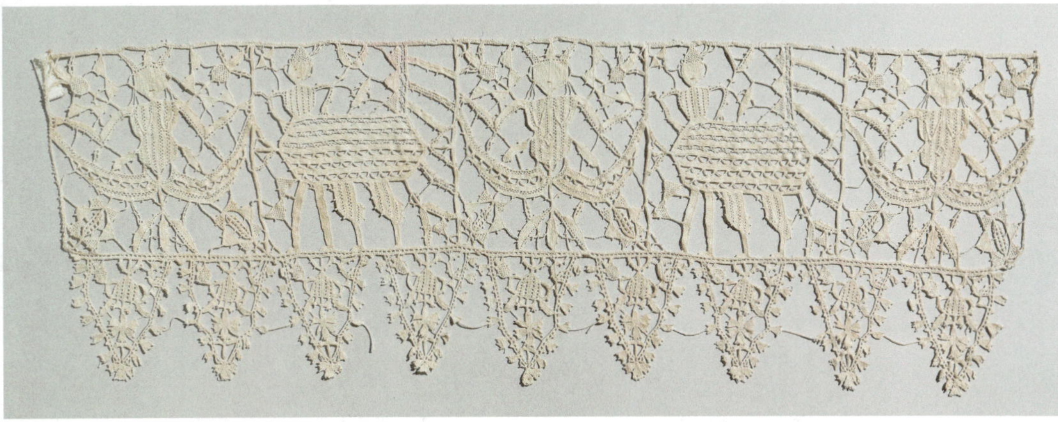

86

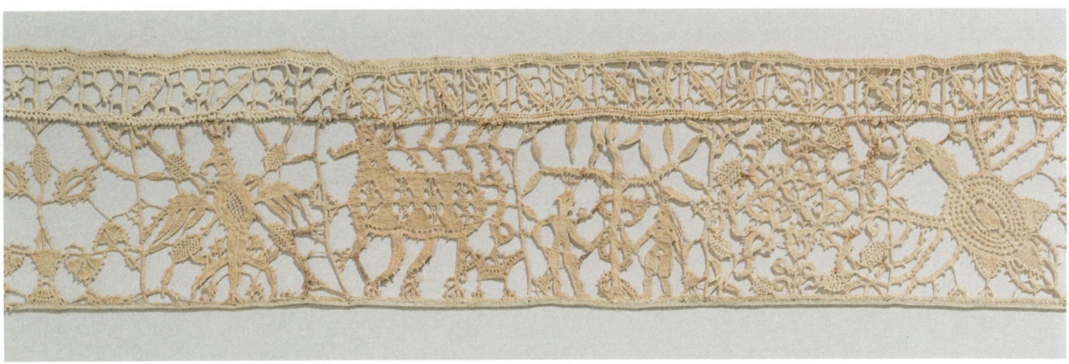

87

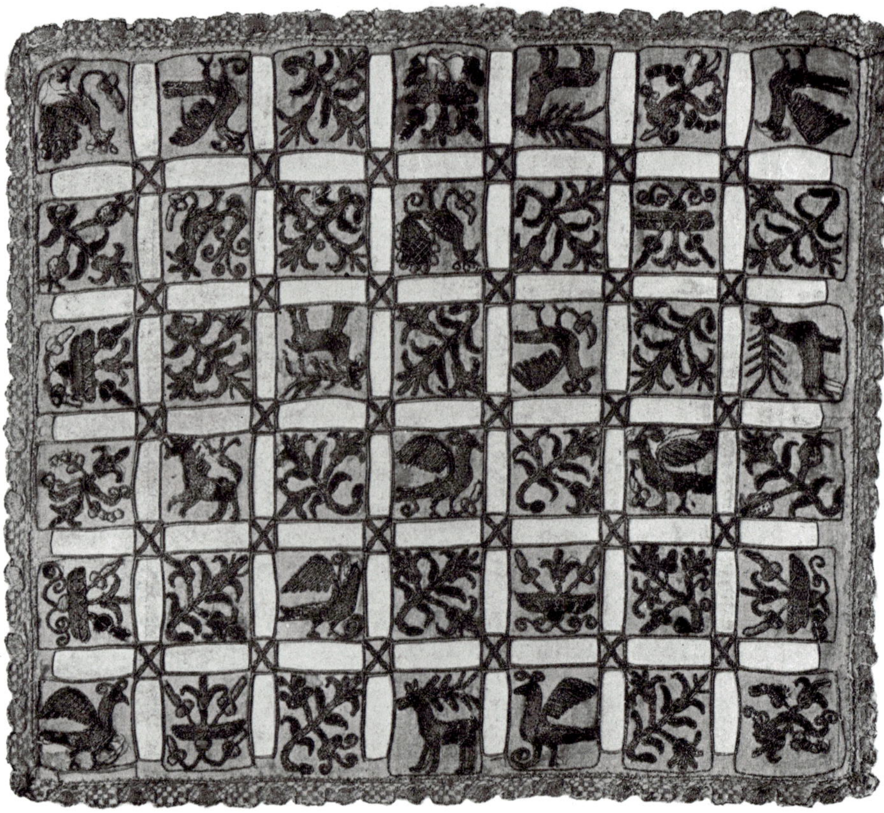

88

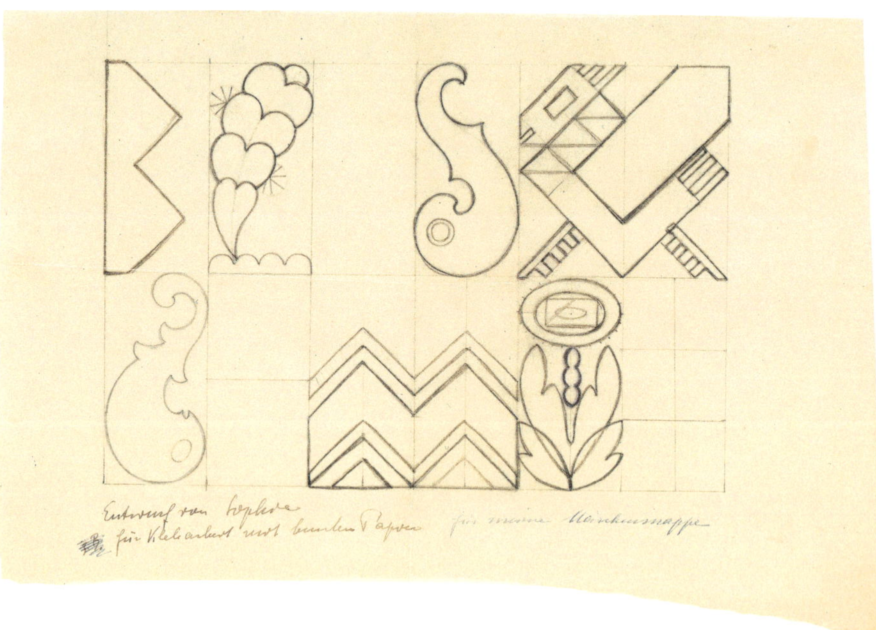
Entwurf von
für Klebearbeit mit bunten Papier
für meine Märchenmappe

87 Decke, Sizilien, 16. Jahrhundert, Stickerei, Seide, Gold, Silber, Glasperlen, 41,5 × 46 cm, in: *Textilsammlung Iklé. Katalog*, Industrie- und Gewerbemuseum St. Gallen, Zürich: Orell Füssli, 1908, S. 221

88 Sophie Taeuber, Entwurf für Märchenmappe, um 1918, Bleistift auf Transparentpapier, 21,7 × 32,2 cm, Aargauer Kunsthaus, Aarau, Depositum aus Privatbesitz

89 Sophie Taeuber, Kissenplatte, 1915, Stickerei, Wolle und Stramin, 53 × 52 cm, Museum für Gestaltung Zürich, Kunstgewerbesammlung, ZHdK

89

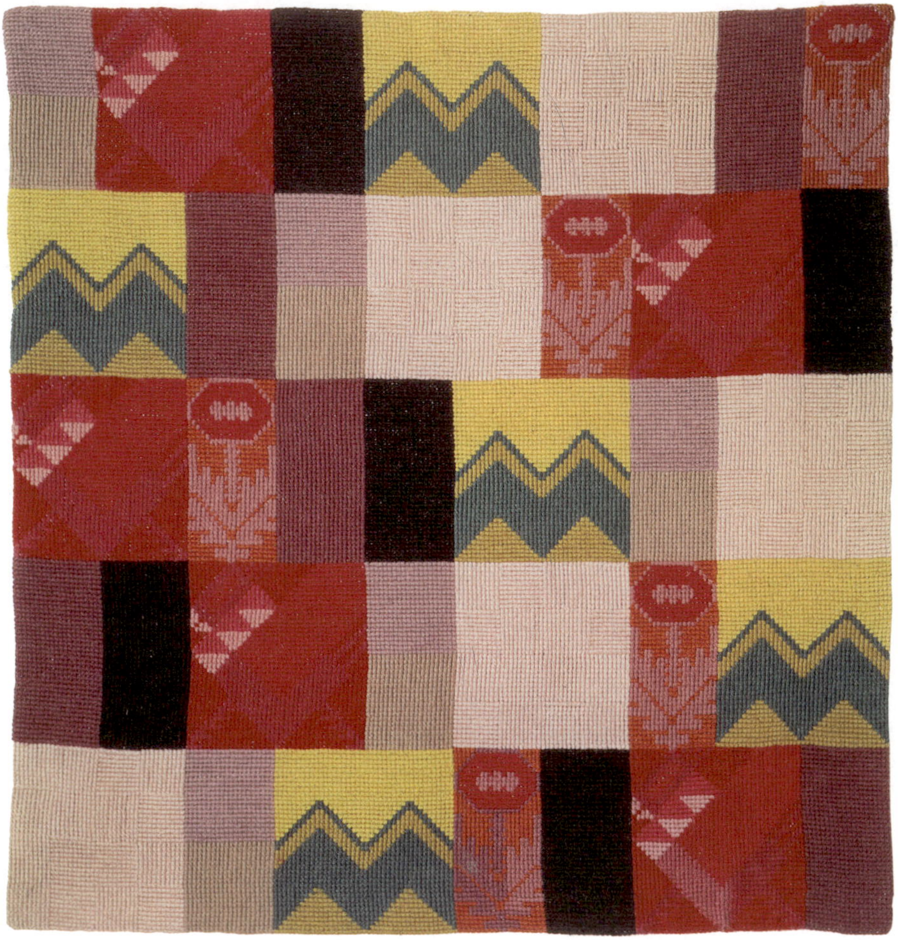

90 Einsatz, Italien, 1590–1610, Doppeldurchbruch, Leinen, 21 × 68 cm, Textilmuseum St. Gallen

91 Sophie Taeuber, Stickereientwurf, um 1920, Bleistift auf Millimeterpapier, 19 × 29 cm, Aargauer Kunsthaus, Aarau, Depositum aus Privatbesitz

92 Sophie Taeuber, Leinendecke mit Häkelspitze, Verbleib unbekannt, in: *Das Werk* (1924), Nr. 3, S. 79

93 Sophie Taeuber, Nadelspitze, um 1920, Leinen, 6,4 × 49,5 cm, Stiftung Arp e. V., Berlin

90

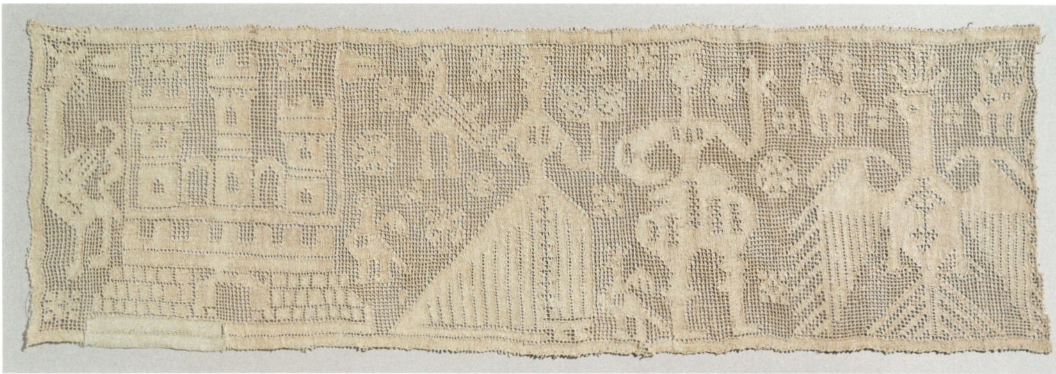

91

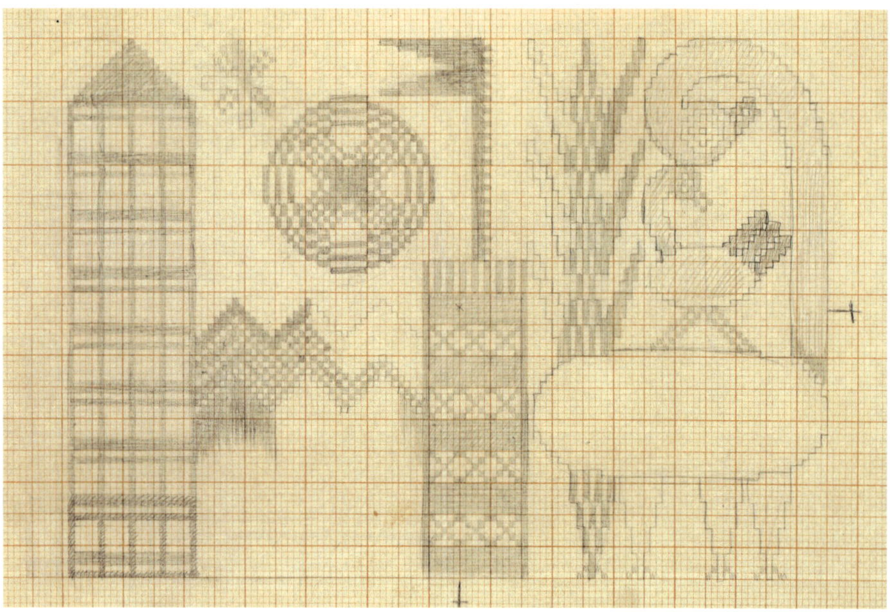

92

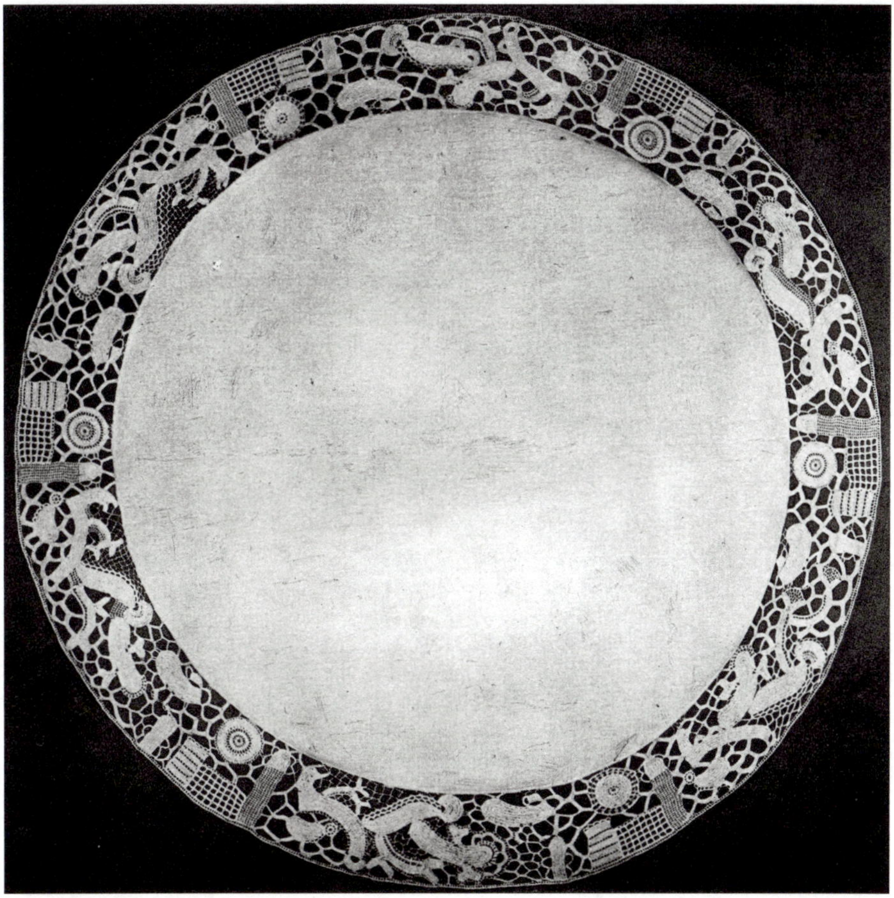

93

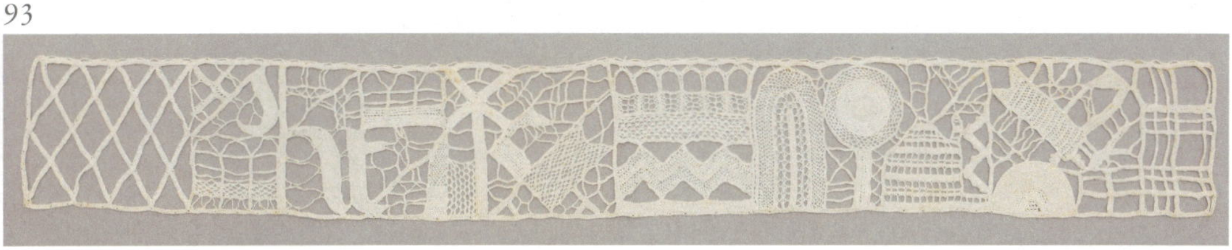

94a

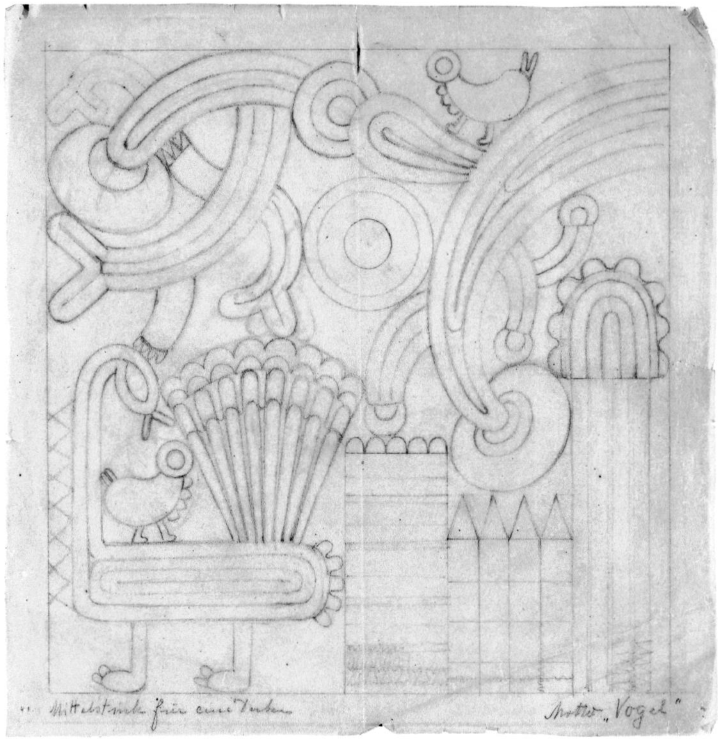

94b

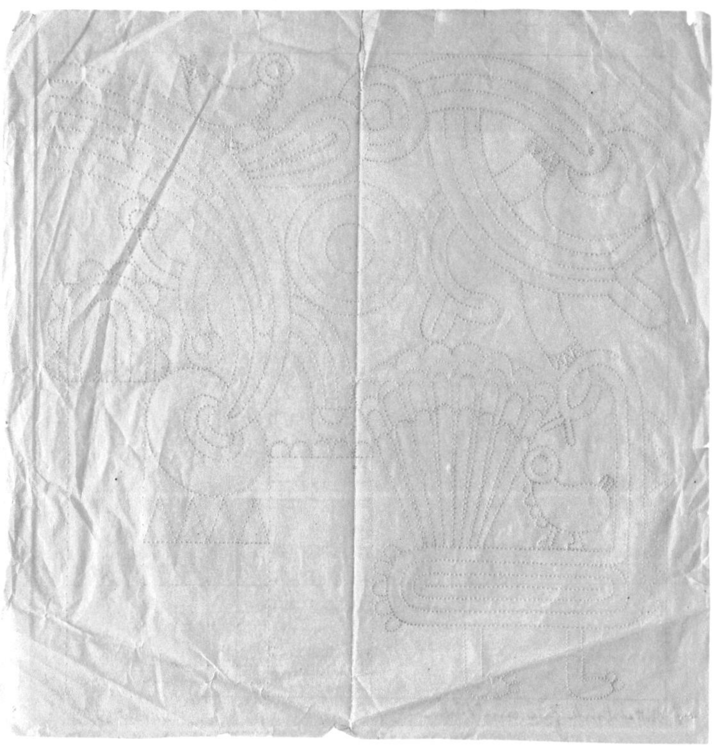

94a, 94b Sophie Taeuber, *Vogel,* Mittelstück für eine Decke, 1921, Bleistift auf Transparentpapier, 22,5 × 22,5 cm, Eingabe Wettbewerb für eine neuartige Weissstickerei, Entwerferverein St. Gallen, Aargauer Kunsthaus, Aarau, Depositum Entwerferverein St. Gallen, recto/verso

95 Irma Koçan, Filetstickerei, Ausführung Verein Heimarbeit Berner Oberland, in: *Das Werk* (1921), Nr. 3, S. 66

96 Herta Koch, Seidenstickerei, in: *Deutsche Kunst und Dekoration* (1913/14), S. 97

95

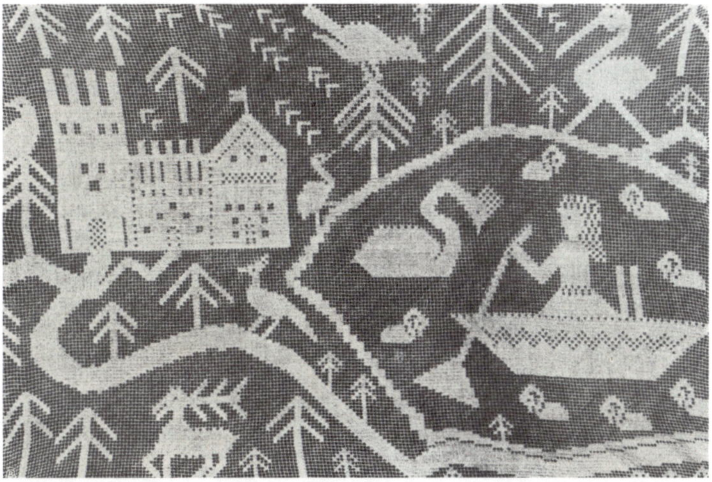

96

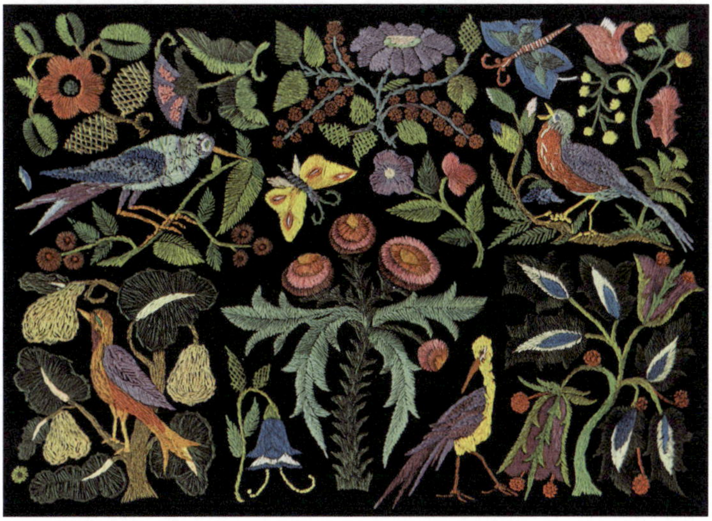

97 Sophie Taeuber, *Vogel,* Mittelstück für eine Decke, 1921, Ausführungsprobe, Verbleib unbekannt, Eingabe Wettbewerb für eine neuartige Weissstickerei, Entwerferverein St. Gallen, in: *Mitteilungen aus Stickerei und Kunst-Gewerbe* (1921), Nr. 3, S. 20

98 Sophie Taeuber, Decke, um 1920, Stickerei, Baumwolltüll und Garn, 14,5 × 18,6 cm, Stiftung Arp e. V., Berlin

99 Sophie Taeuber, Kissenplatte, 1921–1924, Stickerei, Baumwolle und Stramin, 45 × 75,8 cm, Stiftung Arp e. V., Berlin

100 Borte, Westeuropa, um 1730, Litzenspitze und Nadelspitze, Leinen, 19,5 × 334 cm, Textilmuseum St. Gallen

97

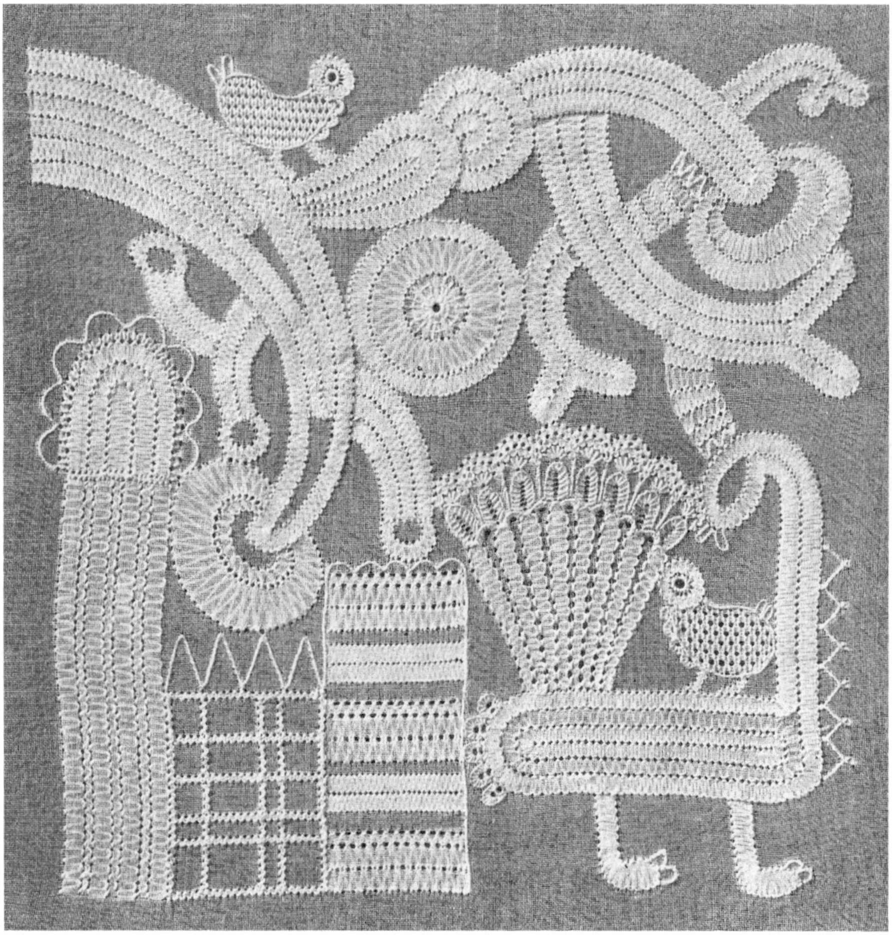

98

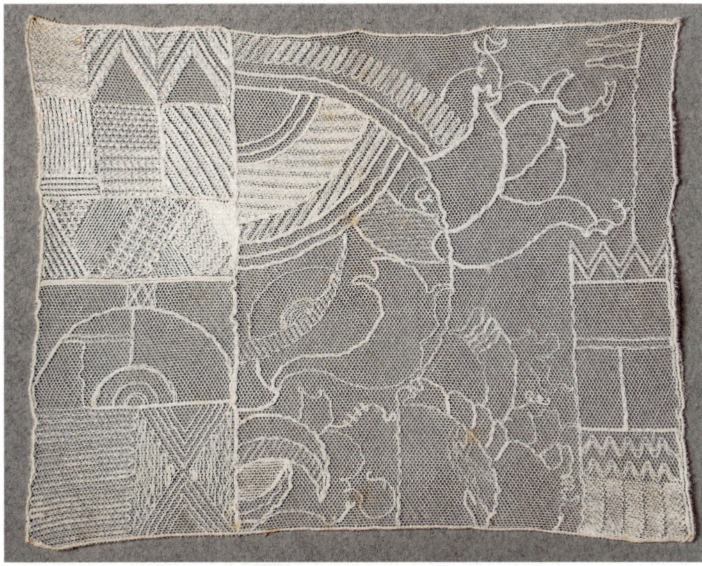

99

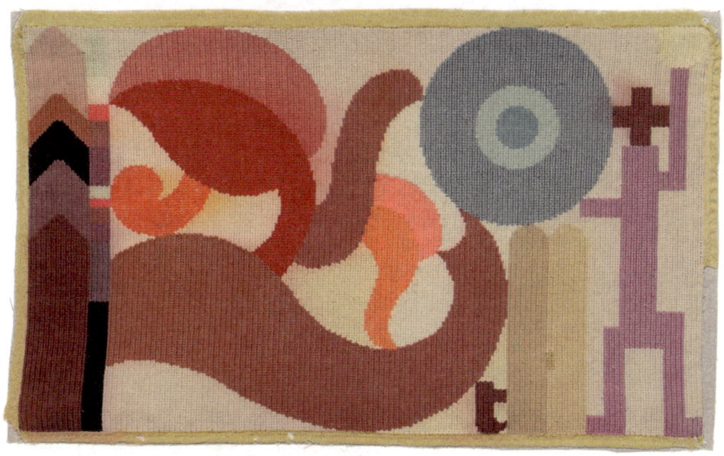

100

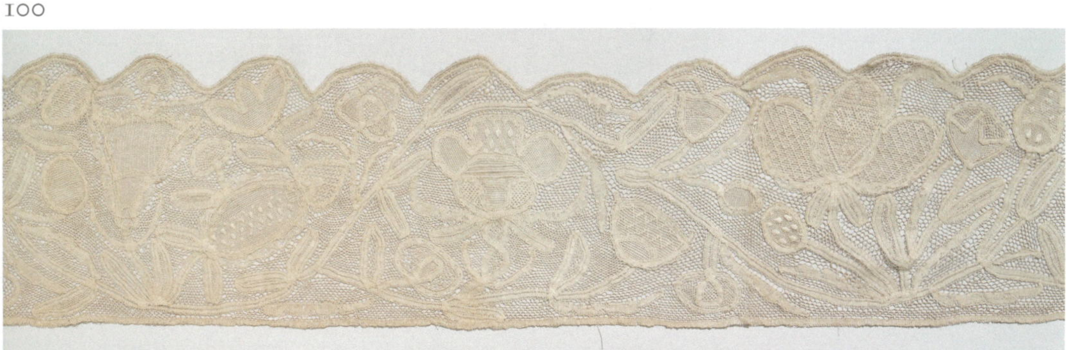

101 Wilhelm Kienzle, Schlafzimmer, Sophie Taeuber, Tischdecke, *Première Exposition Nationale d'Art appliqué*, Lausanne, 1922, Vintageabzug, 23 × 17 cm, Album *Kunstgewerbemuseum der Stadt Zürich. Wechselnde Ausstellungen*, Juli 1917 bis September 1920, 32,8 × 41,5 cm, Zürcher Hochschule der Künste, Archiv

102 Sophie Taeuber, Tischdecke, 1922, Stickerei, Baumwolltüll und Seide, 130 × 160 cm, Museum für Gestaltung Zürich, Kunstgewerbesammlung, ZHdK

103 Dagobert Peche, *Tüllspitze*, Ausführung Wiener Werkstätte, in: *Deutsche Kunst und Dekoration* (1920/21), S. 153

101

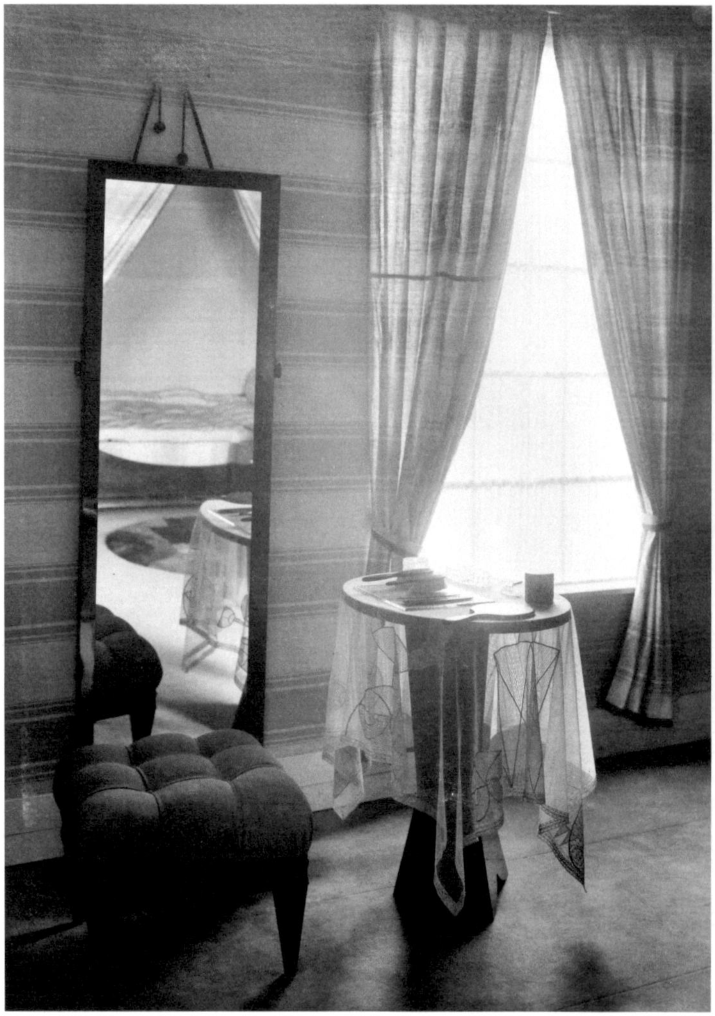

102

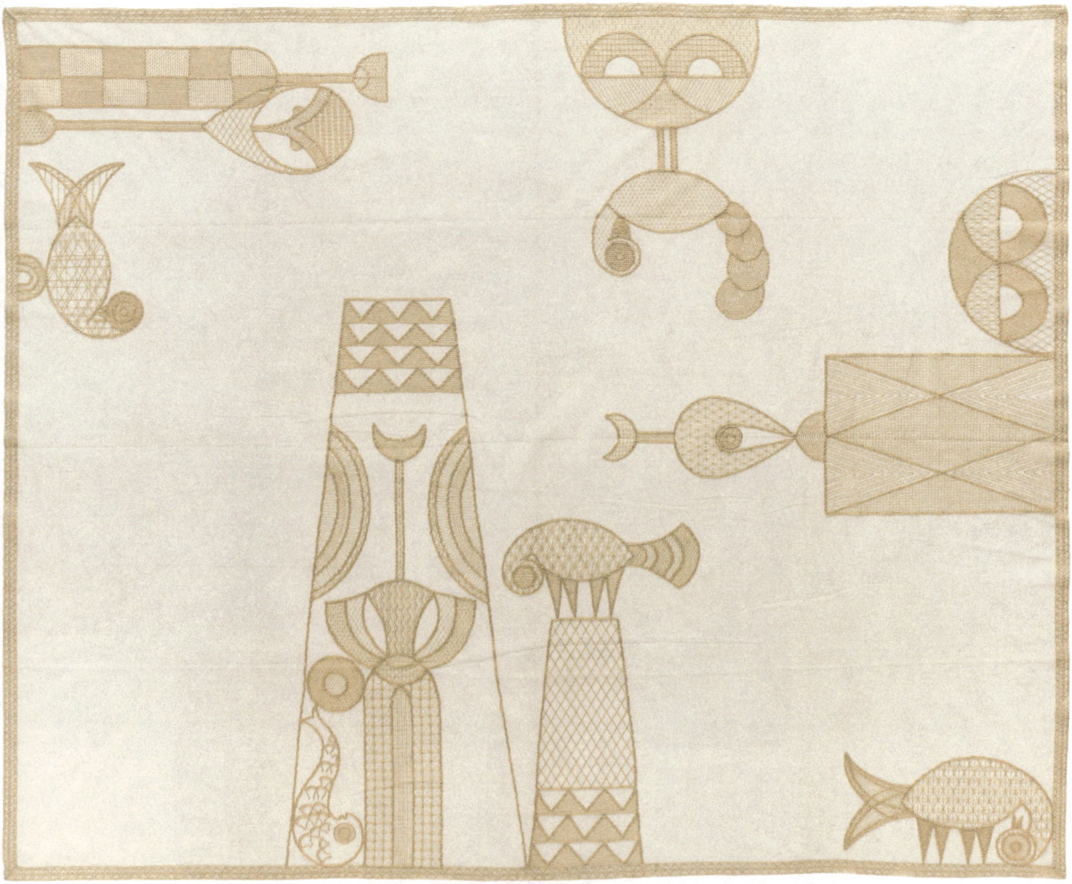

103

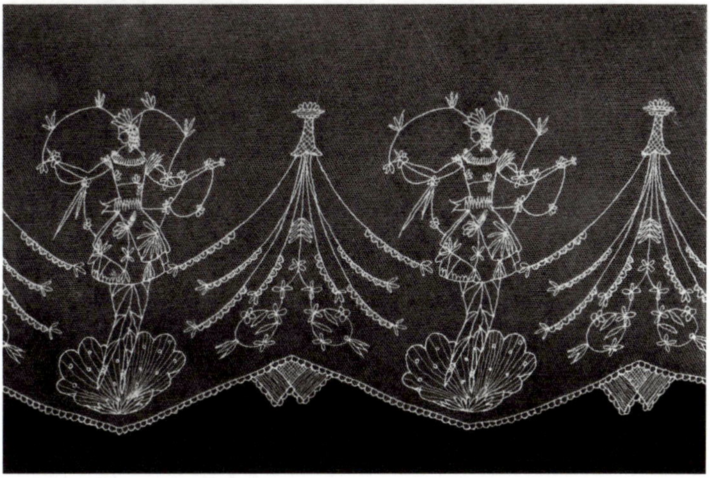

Sophie Taeuber, Entwürfe, Bleistift und Aquarell auf Papier,
104 Larkin Erdmann Fine Art, Zürich, 5,4 × 6,7 cm
105, 106, 107 Fondazione Marguerite Arp, Locarno, 10 × 4,7 cm, 2,1 × 5,3 cm, 8 × 3,2 cm
108 Stiftung Arp e. V. Berlin, 2,5 × 2,6 cm

104

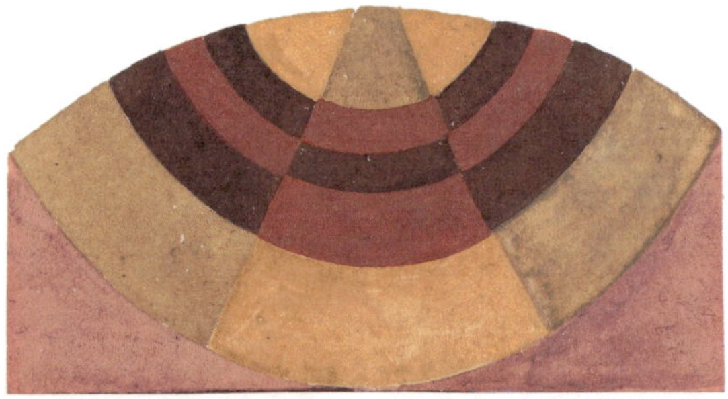

105, 106

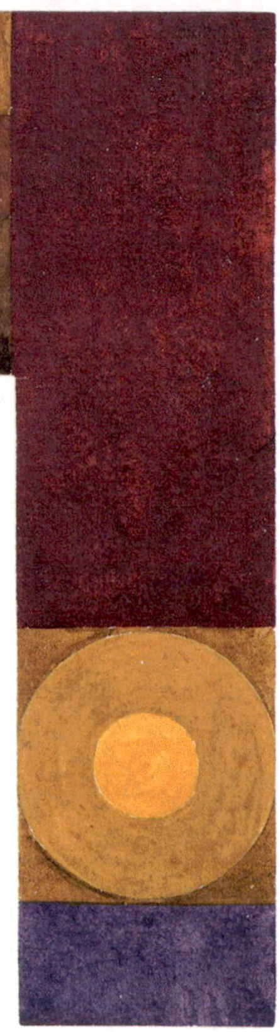

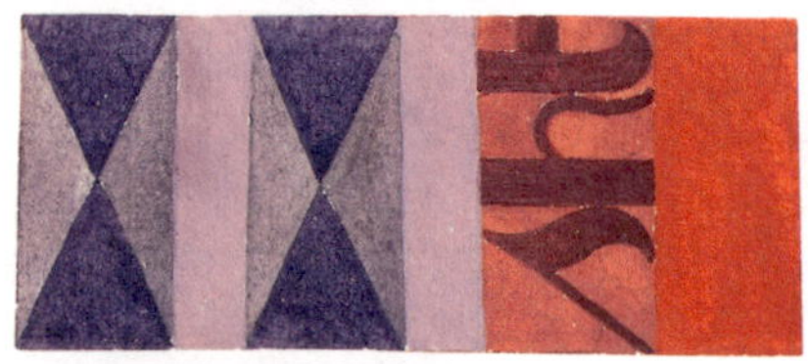

107

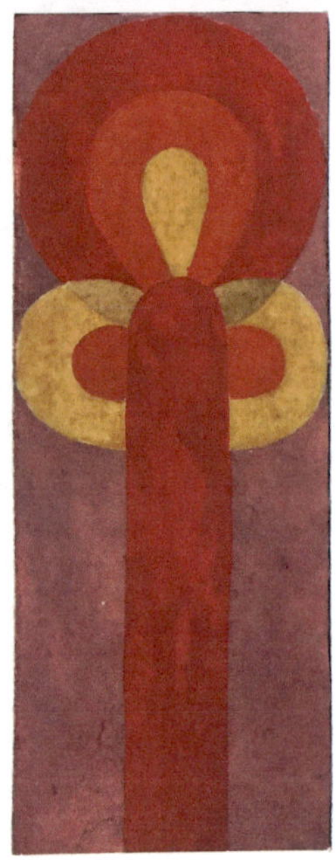

108

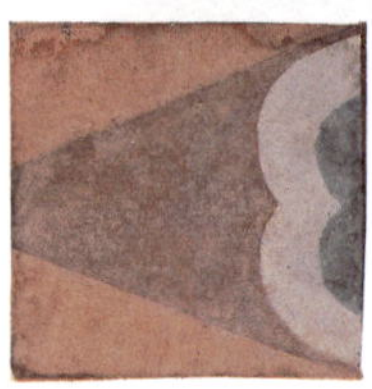

109 Sophie Taeuber, Knüpfteppich, 1922, Wolle und Baumwolle, 200 × 145 cm, Arp Museum Bahnhof Rolandseck, Remagen

109

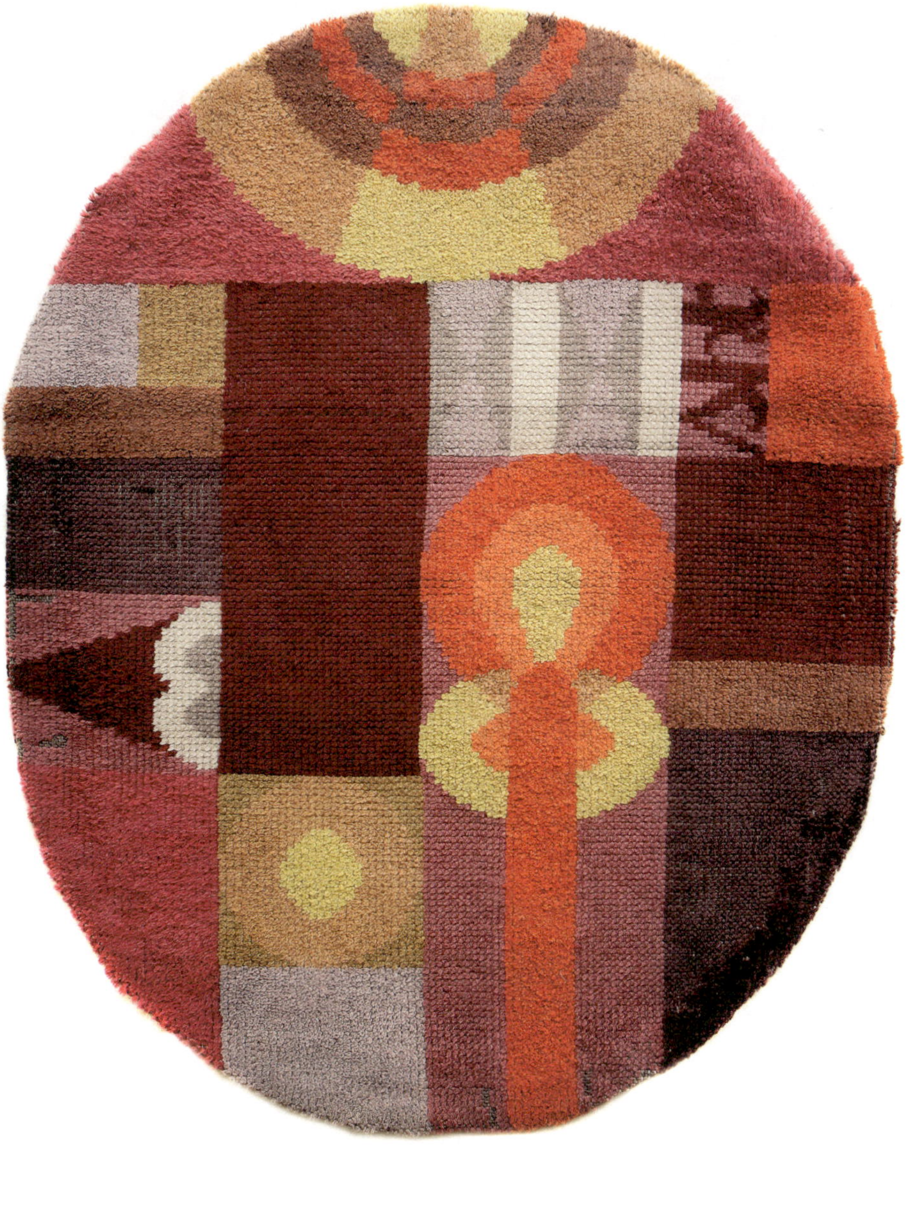

110 Sophie Taeuber, Wandteppich, um 1925, Wolle und Baumwolle, Verbleib unbekannt, in: Präsentationsalbum Sophie Taeuber, Stiftung Arp e. V., Berlin
111 Borte, Mecheln, um 1730, Klöppelspitze, Leinen, 4,7 × 22 cm, Textilmuseum St. Gallen
112 Sophie Taeuber, Wandteppich, 1925, Wolle und Baumwolle, 80 × 70 cm, Fondazione Marguerite Arp, Locarno

110

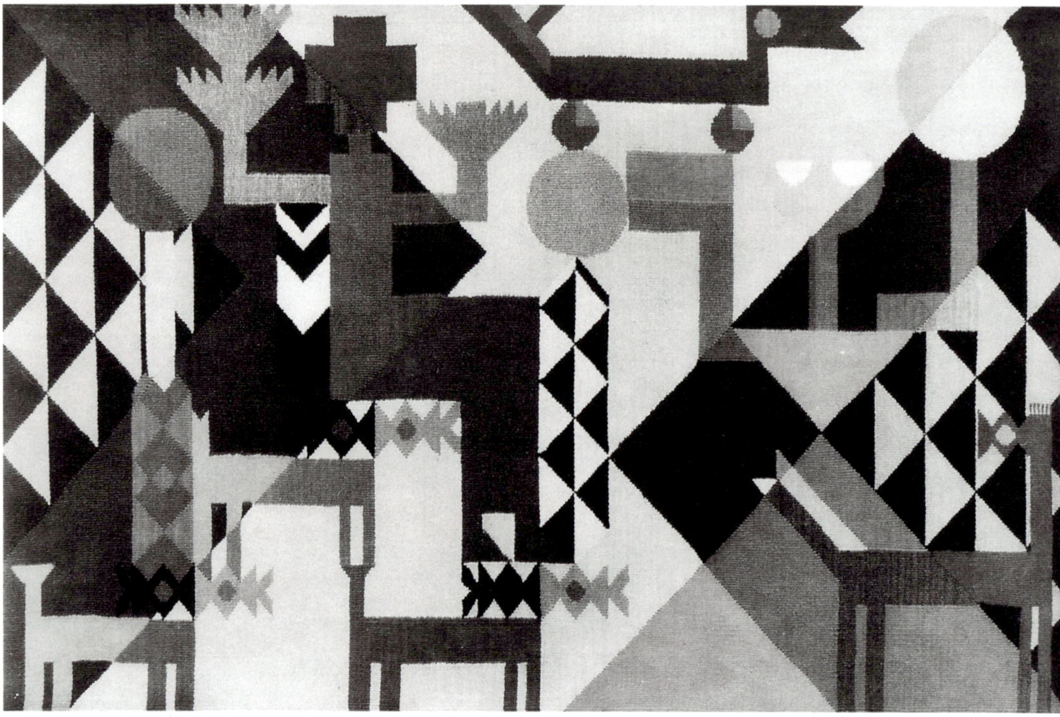

111

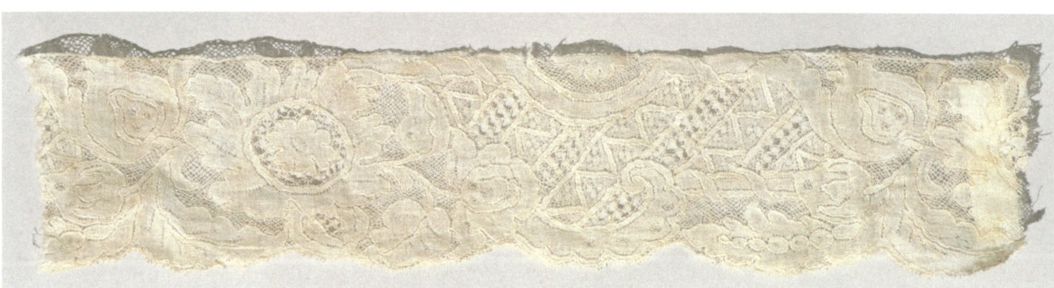

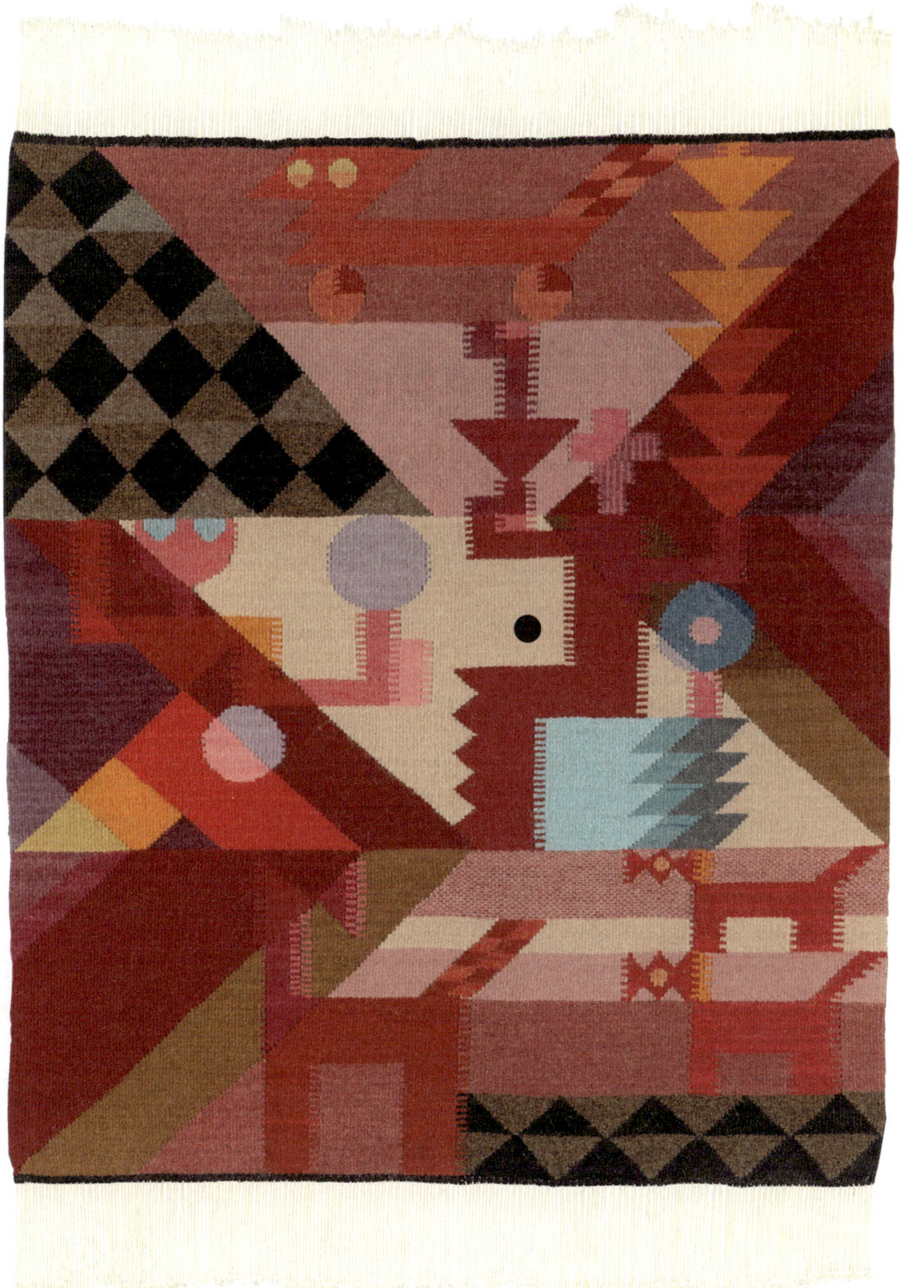

73

113 Sophie Taeuber, *Vertikal-horizontale Komposition*, um 1917, Stickerei, Baumwolle, 17 × 11,5 cm, Originalrahmen, Aargauer Kunsthaus, Aarau, Depositum aus Privatbesitz

114 Sophie Taeuber, *Vertikal-horizontale Komposition*, 1915/16, Bleistift und Farbstift auf Papier, 23,7 × 19,3 cm, in: J. L. Martin, Ben Nicholson, N. Gabo (Hg.), *Circle. International Survey of Constructive Art*, London: Faber and Faber 1937

113

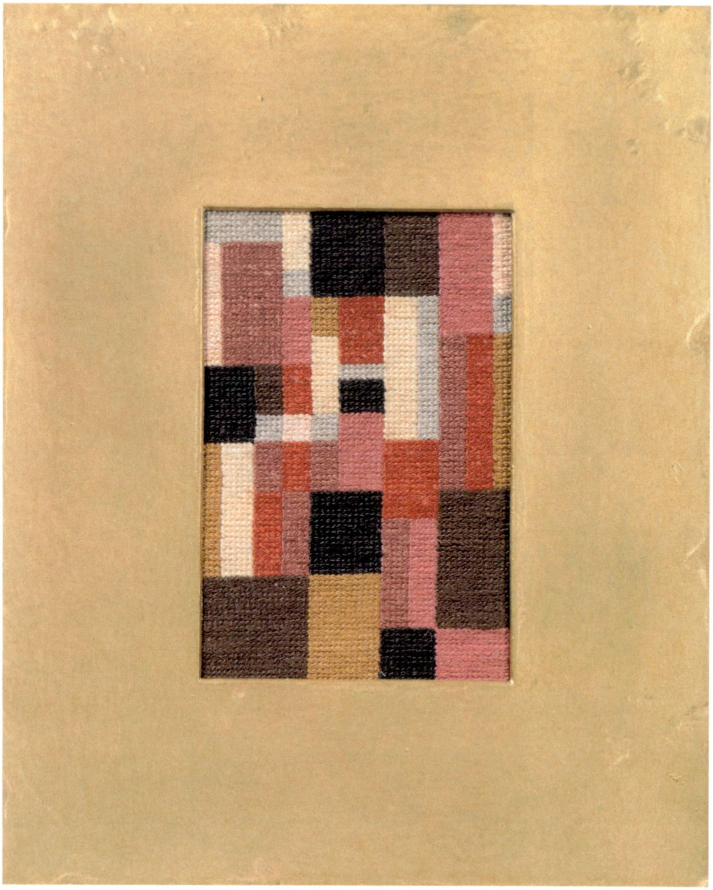

114

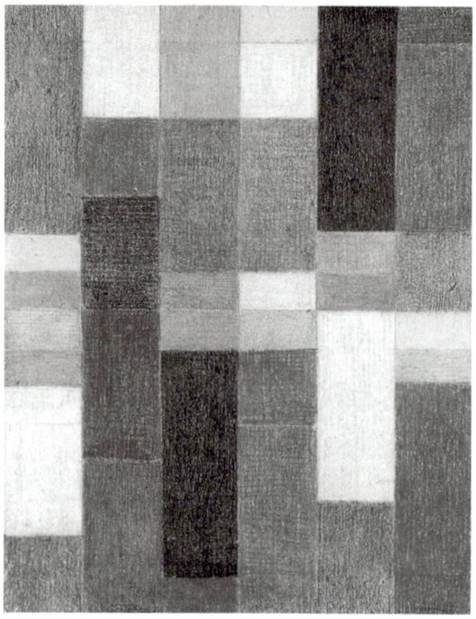

Sophie Taeuber war Kunsthandwerkerin, Pädagogin, Tänzerin, Künstlerin, Autorin eines Buches zum textilen Entwerfen, Architektin sowie Herausgeberin einer interkontinentalen Kunstzeitschrift. Diese kleine Publikation interessiert sich für ihr frühes textiles Schaffen zwischen Textilreform und Avantgarde und fokussiert auf ihre Entwürfe für die Ostschweizer Stickereiindustrie und die Klöppelindustrie im Lauterbrunnental.

Als Pionierin abstrakter Kunst ist Sophie Taeuber heute international bekannt. Viele ihrer bildnerischen Erfindungen basieren auf transdisziplinären Verfahren. Ausgehend von ihrer textilen Praxis fand sie unmittelbarer zu geometrischen Kompositionen als die meisten Künstlerkollegen. «For Sophie Taeuber-Arp, pictorial abstraction was not at the end of an exploration but at the beginning. In this she is set apart from most of her peers in the generation that pioneered the development of abstract language in painting. Most arrived at their mature styles between 1910 and 1920 through a progressive schematization of the form of objective reality.»[1]

1915 übertrug Sophie Taeuber erstmals die orthogonale Struktur von Textilien auf Flächenkompositionen, *Compositions verticales-horizontales*
Abb. 113, 114 [ ][2]. Parallel zu diesem radikal geometrischen Konzept schuf sie eine Typologie der figürlichen Welt, ein Vokabular aus abstrakten Bildzeichen, mit denen sie modular entwarf [ ]. Ihre
Abb. 88
frühen Abstraktionsverfahren basieren auf Erfahrungen mit Textilien. So erschien ihr nachweislich eine Decke im Zürcher Landesmuseum als Modell für eine Aufteilung.[3] Stickereien, Spitzen und Webereien weisen durch ihre Materialität an sich eine reduziertere Formensprache auf als Gemälde. Dies zeigt ein Blick in die historischen Sammlungen des Industrie- und Gewerbemuseums St. Gallen, die Taeuber während ihrer Ausbildung an der Zeich-

1 Carolyn Lanchner (Hg.): *Sophie Taeuber-Arp*, (Ausst. Kat. Museum of Modern Art, New York), 1981, S. 9. Margit Staber kam bereits 1970 in der bis dato einzigen Monografie zur Künstlerin auf einen ähnlichen Befund. Vgl. Margit Staber: *Sophie Taeuber-Arp*, Paris: Editions Rencontre, 1970, S. 30, 62.

2 Die meisten der beschreibenden Titel aus dem von Georg Schmidt herausgegebenen und von Hugo Weber zusammengestellten Werkverzeichnis *Sophie Taeuber-Arp*, Basel, 1948, sind posthum.

3 Vgl. Brief Sophie Taeuber an Erika Schlegel-Taeuber, April 1919, in: Medea Hoch, Walburga Krupp, Sigrid Schade (Hg.): *Sophie Taeuber-Arp. Briefe 1905–1942*, Bd. 2, Wädenswil: Nimbus, 2021, S. 123.

nungsschule für Industrie und Gewerbe studieren konnte. Es liegt nahe, dass sie sich auch von diesen prägnanten Beispielen inspirieren liess.

Ausserdem bewirkte die Forderung nach Materialgerechtigkeit in den angewandten Künsten, dass sich die Textilkunst in den 1910er Jahren generell dezidierter der Abstraktion zuwandte als die Malerei, wie die Sichtung etwa der Zeitschriften *Deutsche Kunst und Dekoration* und *Die Kunst. Monatshefte für freie und angewandte Kunst* zeigt. Auch wenn sich der Begriff erst 1902 belegen lässt,[4] das ästhetische Konzept einer materialgerechten Gestaltung ist zentral für die Kunstgewerbereform, die um 1870 von der Arts-and-Crafts-Bewegung in England ausging. Diese antwortete auf die industrielle Massenproduktion und den Historismus mit einer Erneuerung der Form aus einer handwerklichen Haltung. «Die Werkstätten führten zur schärferen Erkenntnis der Technik als formendem Prinzip»,[5] erinnerte sich Wilhelm von Debschitz an seine Münchner Lehr- und Versuch-Ateliers für angewandte und freie Kunst, wo Sophie Taeuber studierte. In einem Beitrag über die von ihr ebenfalls während eines Semesters besuchten Hamburger Kunstgewerbeschule pointierte der Kunsthistoriker Alfred Rohde: «Die Gegenwart unterscheidet sich grundsätzlich von den grossen Epochen der vergangenen Historischen Stilgruppen dadurch, dass sie in dieser Wegrichtung einem Materialstil zusteuert.»[6] Sophie Taeuber ihrerseits empfahl 1922 in den «Bemerkungen über den Unterricht im ornamentalen Entwerfen»:

«Unterscheiden Sie stets das Wesentliche vom Unwesentlichen. Der Gegenstand und sein Zweck sind die Hauptsache. Geben Sie diesem Gegenstand eine einfache und zweckmässige Form. Das Ornament muss sich auf jeden Fall der Form unterordnen. Versuchen Sie auch das Material zu erfassen. Ein Stück Stoff oder eine Strange Wolle von guter Qualität ist immer eine schöne Sache. Versuchen Sie nun, durch die Verzierung den Gegenstand nicht nur nicht zu verderben, sondern ihn wirklich schöner und inte-

4 Vgl. Monika Wagner: «‹Materialgerechtigkeit›. Debatten um Werkstoffe in der Architektur des 19. und frühen 20. Jahrhunderts», in: *ICOMOS – Hefte des Deutschen Nationalkomitees* (2003), Nr. 39, S. 135–138, hier S. 135, 138.

5 Helga Schmoll gen. Eisenwerth: «Die Münchner Debschitz-Schule», in: Hans M. Wingler (Hg.): *Kunstschulreform 1900–1933*, Berlin: Gebr. Mann, 1977, S. 66–85, hier S. 73.

6 Alfred Rohde: «Textile Arbeiten der Hamburger Kunstgewerbeschule», in: *Deutsche Kunst und Dekoration* (1920/21), S. 313.

ressanter zu machen. Das Ornament darf nicht aufgeklebt erscheinen, sondern muss organisch in der Fläche oder aus dem Gegenstand wachsen.»[7]

Ostschweizer Herkunft

Sophie Henriette Gertrud Taeuber wurde am 19. Januar 1889 in Davos geboren als fünftes Kind von Sophie Taeuber-Krüsi aus Heiden in Appenzell Ausserrhoden und Emil Taeuber aus Mogilno in Westpreussen, die am Ort die Alte Apotheke und ein Weisswarengeschäft führten. Die Mutter erteilte auch Stickkurse, wie Annoncen in den *Davoser Blättern* belegen.[8] Nach dem frühen Tod ihres Mannes 1891 übersiedelte sie mit den Kindern 1894 nach Trogen. Ihre Schwester Mathilde Zellweger-Krüsi betrieb hier mit ihrem Mann Hans Zellweger die Zellweger'sche Kinderkuranstalt, in der die Kinder reformpädagogisch gefördert wurden, etwa mit aus stereometrischen Grundkörpern bestehenden Spielgaben Friedrich Fröbels.[9] Sophie Taeuber-Krüsi kaufte das alte Weberhaus Solitude und liess es weiss streichen.[10] Sie hatte gestalterisches Talent, praktizierte verschiedene textile Techniken nach eigenen Entwürfen,[11] schuf naturalistische Blumenstillleben,[12] bemalte Geschirr in der organischen Formensprache des Jugendstils
Abb. 9 und fotografierte [ ]. In den zwei erhaltenen Fotoalben sind ihre Kinder bei vielfältigen Tätigkeiten zu sehen, häufig beim Lesen und Musizieren, Sophie Taeuber auch beim Klöppeln und Sticken
Abb. 6, 7, 8, 11 [ ].[13] Die Hausbibliothek enthielt Kunstbücher, beispielsweise von Arnold Böcklin.[14] Ausserdem hatte Sophie Taeuber-Krüsi die renommierte Münchner Zeitschrift *Die Kunst. Monats-*

7 Sophie Taeuber: «Bemerkungen über den Unterricht im ornamentalen Entwerfen», in: *Korrespondenzblatt des Schweizerischen Vereins der Gewerbe- und Hauswirtschaftslehrerinnen* (1922), Nr. 11/12, S. 156–159, hier S. 157.

8 «Lessons in embroidery are given at Mr. Taeuber's by an embroideress from Appenzell», *Davoser Blätter. Curzeitung und Fremdenliste*, 8. und 17.11.1888.

9 Prospekt *Zellweger'sche Kinderkuranstalt Trogen*, 1902, S. 9, Kantonsbibliothek Appenzell Ausserrhoden. Den Hinweis verdanken wir Kristin Haefele.

10 Vgl. Eintrag 10.9.1900, *Tagebuch Erika Schlegel*, Privatbesitz.

11 «Mamma gab mir viel Anregung zu Handarbeiten, sie selbst beherrschte sozusagen jede Technik und machte auch die Entwürfe selber», schrieb Erika Schlegel vermutlich Anfang 1902 in ihr Tagebuch, das sich in Privatbesitz befindet.

12 Im Sommer 1907 malten Sophie Taeuber-Krüsi und ihre Tochter Sophie beim Grafiker und Maler Walther Koch in Davos. Vgl. Eintrag 26.7.1907, *Tagebuch Erika Schlegel*, Privatbesitz.

13 Die Alben befinden sich in Privatbesitz. Die Kantonsbibliothek Appenzell Ausserrhoden verfügt über ein Digitalisat.

14 Eintrag Dezember 1901, *Tagebuch Erika Schlegel*, Privatbesitz.

hefte für freie und angewandte Kunst abonniert.[15] 1901 baute sie im Vordorf Nr. 45b nach eigenen Plänen ein Haus im Schweizerstil,[16] in dem sie eine Pension für Kantonsschüler unterhielt. An den Wänden hingen Landschaften und Porträts von Johann Balthasar Bullinger dem Jüngeren, der wie der Maler Johann Balthasar Bullinger der Ältere und der Reformator Heinrich Bullinger zu Sophie Taeubers Vorfahren zählt.[17]

Sophie Taeuber besuchte in Trogen die Primar- und Sekundarschule, die Brüder Paul und Hans gingen auf die Kantonsschule. 1904 trat sie in die neu gegründete Stauffacher-Schule in St. Gallen ein, eine Privatschule für Zeichnen und Entwerfen, die Fachkräfte für die in der Ostschweiz bedeutende Textilindustrie ausbildete.[18] St. Gallen und Appenzell haben eine lange Tradition in der Produktion von Textilien.[19] In St. Gallen handelten Kaufleute seit dem 13. Jahrhundert mit Leinwand und seit dem 18. Jahrhundert mit Baumwolle und stellen Industrielle noch heute Stickereispitzen her. Bis zur Industrialisierung sicherten Spinnen und Weben in Heimarbeit der Landbevölkerung einen Nebenerwerb. Die Handstickerei entwickelte sich ab Mitte des 18. Jahrhunderts zu einem erfolgreichen Wirtschaftszweig. Mit der Verbreitung der Maschinenstickerei Mitte des 19. Jahrhunderts in und um die Stadt St. Gallen konzentrierte sich die Handstickerei im Appenzellerland. 1870 gingen in Innerrhoden 52,6% der Frauen einem Verdienst nach, fast doppelt so viele wie im schweizerischen Durchschnitt. 1926 waren 86,1% aller Schülerinnen der 5.–7. Klasse erwerbsmässig als Stickerinnen tätig.[20] In Trogen zeugen die barocken Zellweger-

15 Vgl. Eintrag 1909, *Tagebuch Erika Schlegel*, Privatbesitz. Den Hinweis auf die Stelle verdanken wir Walburga Krupp.

16 Die Pläne befinden sich in der Kantonsbibliothek Appenzell Ausserrhoden in Trogen.

17 Leonhard Schlegel: *Familienchronik*, 2004, Privatbesitz.

18 In Schülerlisten der Stauffacher-Schule ist Sophie Taeuber 1904/05 und 1905/06 aufgeführt, vgl. *Stauffacher-Schule St. Gallen*, Serie 1, St. Gallen: J. Stauffacher, 1909, S. 10. Im Herbst 1905 trat sie einen sechsmonatigen Sprachaufenthalt im Pensionat Mesdames van Muyden in Vevey an.

19 Vgl. *Stickerei-Zeit. Kultur und Kunst in St. Gallen. 1870–1930*, (Ausst. Kat. Kunstmuseum St. Gallen), St. Gallen: VGS, 1989; Ursula Karbacher: «Schweizer Stickereigeschichte anhand von Stickereien im Textilmuseum St. Gallen»; Birgit Langenegger: «Leiterli, Chrüzler, Iiszäpfli – die Appenzeller Handstickerei», in: *Nadelkunst. Handstickereien aus China und der Schweiz*, Zürich: Ernst Hohl-Kulturstiftung Appenzell, 2014, S. 14–19; Anne Wanner-JeanRichard: «St. Galler Stickereispitze um die Jahrhundertwende. Der Entwerfer Ludwig Otto Werder», in: Gisela Framke (Hg.): *Spitze. Luxus zwischen Tradition und Avantgarde*, (Ausst. Kat. Museum für Kunst und Kulturgeschichte Dortmund), Heidelberg: Edition Braus, 1995, S. 76–84.

20 Ebd. Langenegger, S. 17/18.

Paläste am Landsgemeindeplatz in Sichtdistanz zum Chalet Taeuber vom einträglichen Leinwandhandel.

Bevor Johannes Stauffacher seine eigene Schule gründete, hatte er von 1888 bis 1904 an der Zeichnungsschule für Industrie und Gewerbe «Stilisieren und Componieren» unterrichtet. Er hatte als einer der Ersten selber die Zeichnungsschule absolviert und sich anschliessend in Paris zum anerkannten Zeichner weitergebildet. Zeichnen nach der Natur und Kompositionslehre basierend auf dem Studium historischer Ornamente bestimmten seinen Lehrgang. «Da im Musterzeichnen und auch in der dekorativen Kunst vorderhand Pflanzen und duftige Blumen als ‹Schmuck› immer noch den Reptilien oder ‹modernen› Kreisen, Parallelen und Quadraten vorgezogen werden, so studieren wir die Pflanzenwelt»,[21] erklärte er in einer Publikation über seine Schule. Pflanzenstudien bedeuteten bei ihm Anatomie, Zeichnen mithilfe des Netzes und naturalistische Wiedergabe mit Licht und Schatten
Abb. 15, 16, 18, 20, 21 [ ].[22] Stauffacher war kein Moderner. Gegenüber dem Jugendstil und seinen organischen Lineaturen hatte er Bedenken.[23] Was er an der Renaissance schätzte, «damals gab es keine ‹grosse› und keine verächtlich von ihr gesonderte ‹kleine› Kunst – es gab überhaupt nur eine Kunst»,[24] wurde der modernen Künstlergruppe *Das Neue Leben*, der Sophie Taeuber von 1918 bis 1920 angehörte, zum Programm: «Wir glauben nur an eine Kunst. Es gibt für uns nicht den nach Graden eingeteilten Unterschied von sogenannter freier, dekorativer oder kunstgewerblicher Kunst.»[25]

Von Oktober 1907 bis 22. September 1910 bildete sich Sophie Taeuber an der Zeichnungsschule für Industrie und Gewerbe in St. Gallen weiter, wo sie nach dem Tod der Mutter 1908 wohnte. Das Kaufmännische Directorium der Stadt hatte die Zeichnungsschule 1867 zur Förderung der lokalen Textilindustrie gegründet. 1878 folgte die Eröffnung des Industrie- und Gewerbemuseums mit Bibliothek und Mustersammlungen. 1886 wurden die Institutionen im Neubau in der Vadianstrasse 2

21 Johannes Stauffacher: *Stauffacher-Schule St. Gallen*, Serie 1, St. Gallen: J. Stauffacher, 1909, S. 4.

22 Vgl. J. Stauffacher: *Für Musterzeichner und Kunstgewerbeschulen. Erziehung oder Drill?*, St. Gallen: J. Stauffacher, 1903, S. 11.

23 Vgl. ebd., S. 17.

24 Ebd., S. 29.

25 Fritz Baumann: «Für die neue Bewegung in der Kunst», in: *Das Neue Leben*, (Ausst. Kat. Kunsthaus Zürich), 1919, S. 3–6, hier S. 3.

nach Wiener Modell zusammengeführt. Textilfabrikanten schenkten dem Museum bedeutende Sammlungen, so Leopold Iklé 1904 einen grossen Teil seiner seltenen historischen Stickereien und Spitzen.

St. Gallen war um 1900 neben Plauen in Sachsen das internationale Zentrum der Maschinenstickerei und Stickereispitze, suchte jedoch nach einem Stil. «Die Schweiz ist und muss sein das Land der Eklektiker»,[26] befand Emil Wild, Direktor des Industrie- und Gewerbemuseums, 1909 in einem Porträt der Zeichnungsschule in der Zeitschrift *Textile Kunst und Industrie*. Während Stauffacher für die naturalistische Richtung stand, vertrat sein Kollege Otto Werder den Jugendstil. Wie Stauffacher besuchte auch Werder die Zeichnungsschule und arbeitete später in einem Entwerferatelier in Paris, bevor er 1896 als «Lehrer für Musterkomponieren für Maschinenstickerei» an die Schule zurückkehrte. 1898 erschien Werders Vorlagenmappe *Neue Spitzen*, die in St. Gallen einen von japanischen Holzschnitten inspirierten flächenornamentalen Jugendstil einführte, wie er ihn in Samuel Bings Zeitschrift *Le Japon artistique* kennengelernt hatte [ ].[27] Zu Wilds oben erwähntem Abb. 23
Bericht über die Zeichnungsschule erschienen *Entwürfe nach der Natur* von Sophie Taeuber [ ]. Abb. 24
Ihre Ornamente mit stilisierten Schneebeeren scheinen den modernen Impuls des 1902 verstorbenen Werder aufzunehmen.[28] Ein Perlbeutel, der sich in der Familie erhalten hat, könnte auch um 1909 entstanden sein. Wie die Schneebeeren sind auch diese Rosen und Vergissmeinnicht flächig wiedergegeben. Ein geometrisches Zackenband schliesst das Bildfeld oben ab. Die Schlingen am hellblauen Boden erweitern die Farben des Beutels abstrakt.

Ausser im zweiten Semester belegte Sophie Taeuber durchgehend «Naturzeichnen» bei Hugo Pfendsack, vom zweiten bis fünften Semester zudem «Entwerfen, Spezialitäten» bei Conrad Strasser und «Entwerfen, Weisswaren und Vergrössern» bei Johann Müller.[29] Pfendsack legte sie eine aus-

26 Emil Wild: «Die Zeichnungsschule für Industrie und Gewerbe in St. Gallen», in: *Textile Kunst und Industrie. Illustrierte Monatshefte für die künstlerischen Interessen der gesamten Textilindustrie* (1909), Nr. 2, S. 429–432, hier S. 432.

27 Vgl. Wanner-JeanRichard, «St. Galler Stickereispitze um die Jahrhundertwende» (wie Anm. 19), S. 79/80.

28 Wild, «Die Zeichnungsschule für Industrie und Gewerbe in St. Gallen» (wie Anm. 26), S. 427.

29 Vgl. *Berichte über das Industrie- und Gewerbemuseum St. Gallen und über die Zeichnungsschule für Industrie und Gewerbe, Ateliers und Einzelkurse*, 1907/08, S. 22; 1908/09, S. 24; 1909/10, S. 24, Bibliothek Textilmuseum St. Gallen.

serhalb der Schule entstandene Landschaftszeichnung vor, während er ihr bei sich zu Hause Malereien seiner namhaften Urgrosstante Ludovike Simanowiz zeigte, die Friedrich Schiller porträtiert hatte.[30] In ihrem letzten Semester besuchte sie nur noch «Naturzeichnen» bei ihm.[31] Seine wissenschaftliche Auffassung [Abb. 14, 17, 19] scheint ihre Malerei einer Kapuzinerkresseranke vom Juli 1910 in Gouache und Aquarell angeregt zu haben, die exakt zwischen bunter Ober- und pastelliger Unterseite der Blätter unterscheidet [Abb. 13]. Zum Motiv könnte sie ihre Mutter inspiriert haben, die bereits als Jugendliche Kapuzinerkresse gemalt hatte [Abb. 12].

Sophie Taeuber hatte nicht nur hervorragende Noten an der Schule,[32] sie konnte auch zwei Semester überspringen: «Täuber Sophie soll in Anbetracht ihrer Vorbildung & ihres Alters (19 Jahre) mit Anfang des nächsten Wintersemesters aus dem 2ten Semester in den Unterricht des 4ten Semesters versetzt werden.»[33] Demselben Protokoll ist zu entnehmen, dass sie auf Wunsch von Direktor Emil Wild als Hospitantin eingeschrieben werden sollte, also als Studierende mit fachlicher Vorbildung, die ihre Ausbildung individuell ergänzte.[34] Im Studienjahr 1909/10 gewann sie schliesslich an den Konkurrenz-Ausschreibungen in der Kategorie «Entwerfen, Spezialitäten» den 3. Preis mit einem «Entwurf zu einer Spitze».[35]

Reformschulen in München und Hamburg

Ab Oktober 1910 setzte Sophie Taeuber ihre Studien an den Lehr- und Versuch-Ateliers für angewandte und freie Kunst in München fort [Abb. 26]. Sie dürfte von Margrit Tanner, ihrer St. Galler Vermieterin und Kollegin an der Zeichnungsschule im Sommersemester 1908, von den Ateliers gehört haben, an denen diese 1904 erstmals studiert hatte.

30 Vgl. Hoch, *Sophie Taeuber-Arp* (wie Anm. 3), Bd. 1, S. 58, 62.

31 Vgl. Eintrag Sommersemester 1910, *Schüler-Liste* 1904–1914, Zeichnungsschule für Industrie und Gewerbe, St. Gallen, Bibliothek Textilmuseum St. Gallen.

32 Vgl. ebd.

33 Konferenz 15.10.1908, *Protokoll-Buch der Lehrerkonferenzen*, Nr. 1, 30.11.1886–15.10.1908, Bibliothek Textilmuseum St. Gallen.

34 Vgl. *Berichte über das Industrie- und Gewerbemuseum St. Gallen*, 1907/08 (wie Anm. 29), S. 13. Allerdings war Sophie Taeuber bereits ab Studienbeginn in der *Schüler-Liste* als Hospitantin aufgeführt, vgl. Anm. 31.

35 Vgl. *Berichte über das Industrie- und Gewerbemuseum St. Gallen*, 1909/10 (wie Anm. 29), S. 15/16.

Möglicherweise hatte sie zudem 1904 in der Zeitschrift *Die Kunst* die eingehenden Beiträge Hermann Obrists und Wilhelm von Debschitzs über deren 1902 gegründete Reformschule gelesen.[36] Die ab 1904 von von Debschitz allein geleitete koedukative Privatschule orientierte sich an der Kunstgewerbereform, die um 1870 von der englischen Arts-and-Crafts-Bewegung initiiert worden war und sich um die Jahrhundertwende namentlich im deutschsprachigen Europa verbreitete. Der erst um die Mitte des 19. Jahrhunderts aufgekommene Begriff des Kunstgewerbes antwortete laut Hermann Muthesius auf den Befund, dass das Gewerbe kunstlos geworden war.[37] An den neu gegründeten Kunstgewerbemuseen und -schulen wurden sodann historische Formen studiert und gezeichnet, die die Industrie ihren Produkten aufsetzte. Dagegen zielte die von Künstlerinnen und Künstlern angestossene Reform auf eine handwerkliche Entwicklung der Form aus Material und Technik. An der Debschitz-Schule wurden materialgerechte funktionale Entwürfe im Wechsel zwischen Werkstätte und Lehre, freier und angewandter Kunst erarbeitet. Beim Naturstudium sollten Gesetzmässigkeiten erkannt und formal als Teil eines Ganzen umgesetzt werden. So wurden beispielsweise Astansätze studiert als gestalterische Anregung für Teilungen [ ]. Der Schriftsteller Wilhelm Michel bemerkte, «dass die Schüler durch diese abstrahierende Methode eminent *charakteristisch* sehen lernen».[38] Abb. 22

Der Unterricht des ersten Jahres bestand aus Vorträgen etwa zur Technologie der Materialien, Korrektur von Entwürfen in verschiedenen kunsthandwerklichen Gattungen sowie Aktzeichnen. Ihrer Schwester schrieb Sophie Taeuber nach einem Monat:

«Es ist nicht so einfach zu schreiben was wir in unserer Klasse tun. Jetzt machen wir Entwürfe mit Linien, hauptsächl. Spiralen, die Skizzen dazu machen wir in Pastellfarben, dann haben wir Übungen mit den Komplementärfarben zu machen, von

36 Wilhelm von Debschitz: «Eine Methode des Kunstunterrichts»; Hermann Obrist: «Die Lehr- und Versuch-Ateliers für angewandte und freie Kunst», in: *Die Kunst. Monatshefte für freie und angewandte Kunst* (1904), Nr. 10, S. 209–232.

37 Vgl. Hermann Muthesius: «Der Weg und das Endziel des Kunstgewerbes», in: *Die Kunst. Monatshefte für freie und angewandte Kunst* (1905), Nr. 12, S. 181–190, 230–238, hier S. 182.

38 Wilhelm Michel: «Münchner ‹Lehr- und Versuch-Ateliers für angewandte und freie Kunst›», in: *Deutsche Kunst und Dekoration* (1905/06), S. 379–398, hier S. 392.

dem einen kriegt man den Spiralenwahnsinn und von dem anderen wird man farbenverrückt, das vernünftigste sind noch die Übungen im Konstruieren von 3 dimensionalen Gegenständen, etwas verständlicher ausgedrückt, wir malen Krüge u. Vasen in Plakatmanier mit wenigen Licht und Schattentönen, Oberflächenlinien und einfachen Mustern in Temperafarbe, die ich nicht leiden kann.»[39]

Im zweiten Jahr erfolgte die Spezialisierung auf Grafik, Keramik, Metall, Holz oder Textil. Sophie Taeuber entschied sich im Hinblick auf eine mögliche Zusammenarbeit mit Architekten für die Textilklasse, obwohl ihr von Debschitz die Metallklasse empfohlen hatte.

«Ich werde immer mehr Textil, entwerfe Teppiche Möbelstoffe und jetzt ganz grossmustrige Vorhangstoffe, der erste ist so wild dass er nur für eine Schwabinger Theestube zu gebrauchen wäre. Ich merke endlich dass ich freier u. selbständiger werde.»[40]

Wie aktuell Sophie Taeuber während ihres Münchner Studiums war, dokumentieren Fotos einer Kur-
Abb. 27, 30
bel- und einer Wollstickerei [ ], die kennzeichnend sind für den um 1904 auf den Jugendstil folgenden Heimatstil mit seinen bäuerlichen Formen und Materialien. Die am Rand mit «Sophie Henriette Gertrud» signierte Kissenplatte zeigt grosse konzentrische Blüten, Glockenblumen, Knospen, Blätter, Ranken und Schmetterlinge. Solche rustikalen bunten Wollstickereien auf meist grauem Naturleinen mit Füllungen aus typisierten, flächig wiedergegebenen Blumen finden sich in der Zeit vor allem bei Kunstschaffenden mit Wiener Provenienz wie Josef Hoffmann, Emmy Zweybrück, Margarethe von Brauchitsch, Emanuel Josef
Abb. 29
Margold und Melitta Löffler [ ]. Eine solche vermutlich der *Stickerei-Zeitung und Spitzen-Revue* entnommene Vorlage variierte Sophie Taeuber
Abb. 31
1913 für ihre Schwester [ ]. Wie bei ihren ab 1915 entworfenen radikalen vertikal-horizontalen Kompositionen fallen auch bei diesen Blumenstickereien Figur und Grund fast zusammen. Die Dadaistin Hannah Höch evozierte eine solche 1919 in einem Beitrag in der *Stickerei- und Spitzen-Rundschau* wie folgt: «kunterbunt alle Blüten beieinander, die der Hochsommer schenkt, Glocken und

39 Brief Sophie Taeuber an Erika Schlegel-Taeuber, 1.11.1910, in: Hoch, *Sophie Taeuber-Arp* (wie Anm. 3), Bd. 1, S. 101.

40 Brief Sophie Taeuber an Erika Schlegel-Taeuber, 16.5.1912, in: ebd., S. 212.

Sterne, behäbige Bauernblumen und alle Farben, vom blauesten Blau zum trunkensten Rot».[41]

Im Sommer 1912 wechselte Sophie Taeuber an die Kunstgewerbeschule in Hamburg, nachdem sie auch Reformkunstgewerbeschulen in Berlin, Wien und Weimar erwogen hatte. Vergeblich bewarb sie sich um Aufnahme in die von Hans Heller geleitete Fachklasse für Raumausstattung. «Dass der Lehrer bei dem ich so gerne Möbelzeichnen wollte keine Damen nimmt hat mich enttäuscht»,[42] teilte sie ihrer Schwester mit. Sie studierte Hand- und Maschinenstickerei bei Maria Brinckmann, Stilgeschichte, stilgeschichtliche Übungen und Kunstgeschichte bei Wilhelm Niemeyer sowie Naturstudien und Entwerfen bei Franz Delavilla, der wie Carl Otto Czeschka von der Wiener Werkstätte an die Schule berufen worden war.[43] Paul Helms, der nach Ausscheiden von Delavilla dessen Unterricht übernahm, vermittelte die Wiener Klebemethode Franz Čižeks, derzufolge bunte geometrische Grundformen auf monochromem Grund angeordnet wurden.[44] Über Brinckmann schrieb Sophie Taeuber ihrer Schwester, sie wolle «so viel als möglich von ihrer glänzenden Kenntnis der Technik u. d. Materials profitieren»[45]. Ihre eigene Brillanz zeigt die Wiedergabe einer Spitzenhaube für ein Kind in der umfangreichen Publikation, in der sich die Hamburger Kunstgewerbeschule 1913 anlässlich ihres Neubaus präsentierte [ ].[46] Abb. 32

Im Herbst 1913 kehrte Sophie Taeuber an die Debschitz-Schule zurück, um hier ein Jahr später abzuschliessen. Bereits von Mai bis Mitte Juli 1913 war sie auf der grossen Ausstellung der Debschitz-Schule im Berliner Kunstgewerbemuseum mit ein paar Arbeiten vertreten. Ihr *Kästchen mit Handstickerei*,[47] das in einem Medaillon wiederum eine

41 Hannah Höch: «Die stickende Frau», in: *Stickerei- und Spitzen-Rundschau* (1919/20), Nr. 20, S. 26.

42 Brief Sophie Taeuber an Erika Schlegel-Taeuber, 18.11.1912, in: Hoch, *Sophie Taeuber-Arp* (wie Anm. 3), Bd. 1, S. 251.

43 Vgl. *Schülerkarten Kunstgewerbeschule Hamburg*, Archiv der Hochschule für bildende Künste Hamburg. Wir danken Walburga Krupp für den Hinweis.

44 Vgl. Robert Breuer: «Klebe-Arbeiten Hamburger Kunstgewerbe-Schüler», in: *Deutsche Kunst und Dekoration* (1909/10), Nr. 25, S. 270–277.

45 Brief Sophie Taeuber an Erika Schlegel-Taeuber, 18.11.1912, in: Hoch, *Sophie Taeuber-Arp* (wie Anm. 3), Bd. 1, S. 250.

46 *Die staatliche Kunstgewerbeschule Hamburg*, Hamburg: H. O. Persiehl, 1913.

47 Vgl. Paul Westheim: «Die Ausstellung der Debschitz-Schule im Berliner Kunstgewerbe-Museum», in: *Die Kunst. Monatshefte für freie und angewandte Kunst* (1914), Nr. 30, S. 89–101, Abb. S. 90.

flächig aufgefasste Blumenfüllung zeigt, reproduzierte der angesehene Kunstkritiker Paul Westheim in der Zeitschrift *Die Kunst*

Abb. 28 [ ].

Zürich zwischen lokalem Kunstgewerbe und internationalen Avantgarden

Nach Ausbruch des Ersten Weltkriegs kehrte Sophie Taeuber im Oktober 1914 in die Schweiz zurück. Sie liess sich in Zürich nieder, wo bereits ihre Schwester Erika Schlegel-Taeuber lebte. Hier etablierte sie sich sehr erfolgreich als Kunsthandwerkerin. Sie gab Arbeitslehrerinnenkurse an der Schweizerischen Fachschule für Damenschneiderei und Lingerie, unterrichtete von 1916 bis 1929 Entwerfen und Sticken an der kunstgewerblichen Abteilung der Gewerbeschule Zürich, engagierte sich von 1915 bis 1931 als Mitglied beim Schweizerischen Werkbund. Zur *Textilausstellung* 1916 im Kunstgewerbemuseum Zürich notierte ihre Schwester im Tagebuch: «Sophie hat an der Ausstellung 12 Sachen verkauft (im ganzen wurden nur etwa 16 St. verkauft). Auch hat sie seither 10 Aufträge erhalten e [sic] zwei Schülerinnen haben sich angemeldet.»[48] 1917, gerade einmal drei Jahre nach Studienabschluss, bekam sie einen detaillierten Eintrag im Supplementband des *Schweizerischen Künstler-Lexikons*.

Sophie Taeuber zeigte ihre textilen Arbeiten vorab in Ausstellungen von Werkbund und Kunstgewerbemuseen. Ausserdem vertrieb sie sie in der Verkaufsgenossenschaft zur Spindel, der Frauen-Selbsthilfeorganisation in der Talstrasse 18. Ihre zahlreichen Ausstellungsteilnahmen wurden in Zeitungen aufmerksam besprochen. Die Rezensionen dokumentieren die damalige Bedeutung des Kunstgewerbes, das behandelt wurde wie die freie Kunst. An Weihnachtsausstellungen des Zürcher Werkbunds rückten Textilien indes erst mit Taeubers Beteiligung in den Fokus. So begann der Feuilletonredaktor der *Neuen Zürcher Zeitung* seine Besprechung der Weihnachtsausstellung 1920 wie folgt: «Unter den Künstlerinnen, die mit Textilarbeiten vertreten sind, ist Sophie Täuber mit an erster Stelle zu nennen. Ihr grosses Kissen mit dem in abstrakten Formen gehaltenen Dekor ist nach Raumaufteilung und farbiger Wirkung ein präch-

48 Eintrag 26.2.1916, *Tagebuch Erika Schlegel-Taeuber*, Privatbesitz.

tiges Stück.»[49] Die Kritiken betonten ihren «Anspruch auf grösste Originalität»[50] und schrieben von «der einfallreichen, geschmackvollen Künstlerin»[51], «die entschlossen neue, eigene Wege geht»[52].

Zürich war kriegsbedingt zu einem Brennpunkt der internationalen Avantgarden geworden. Im Februar 1916 wurde das Cabaret Voltaire eröffnet und der Dadaismus initiiert. Zwischen Dadaismus und Zürcher Kunstgewerbe fand jedoch so gut wie kein Austausch statt. «Die Kunstgewerbler von ganz Zürich begannen einen geschlossenen Feldzug gegen uns»,[53] bemerkte Richard Huelsenbeck in der *Ersten Dadarede in Deutschland* von 1918. Sophie Taeuber scherte aus. Im November 1915 lernte sie in der Galerie Tanner anlässlich der Ausstellung *Moderne Wandteppiche, Stickereien, Malereien, Zeichnungen* Hans Arp kennen, den sie am 20. Oktober 1922 in Pura im Tessin heiratete. Sie nahm von 1915 bis 1918 Kurse an Rudolf von Labans internationaler Schule für Bewegungskunst. Zur Eröffnung der Galerie Dada am 29. März 1917 trug sie zu Hugo Balls Lautgedichtzyklus *Gadji Beri Bimba* abstrakte Tänze bei. Ihre Marionetteninszenierung *König Hirsch*, zwar für die Schweizerische Werkbundausstellung 1918 geschaffen, wurde durch prominente Publikationen im avantgardistischen Kontext zu einer Ikone des Dadaismus.[54] Sie nahm an den vier programmatischen Ausstellungen *Das Neue Leben* teil, die die gleichnamige Künstlergruppe von 1918 bis 1920 in den Kunsthallen Basel und Bern und im Kunsthaus Zürich veranstaltete. In Zürich, wo sie laut Hans Trog «in Halsketten und Perltaschen exzelliert»[55], präsentierte Sophie Taeuber auch Marionetten und Marionettenstudien, gedrechselte und bemalte Holzköpfe, die auf Textilien wie der Tülldecke von 1922 erscheinen.

49 Jakob Welti: «Aus dem Zürcher Kunstgewerbemuseum», in: *Neue Zürcher Zeitung*, 23.12.1920.

50 t.: «Die Ausstellung im Kunstgewerbemuseum», in: *Züricher Post*, 7.1.1921.

51 Jakob Welti: «Aus dem Zürcher Kunstgewerbemuseum», in: *Neue Zürcher Zeitung*, 31.12.1922.

52 Eing.: «Aus Schaufenstern», in: *Neue Zürcher Zeitung*, 26.11.1918.

53 Richard Huelsenbeck (Hg.), *Dada-Almanach*, Hamburg: Edition Nautilus, 1980, S. 106.

54 Vgl. z. B. die letzte Zeitschrift von Dada Zürich, *Der Zeltweg*, 1919; El Lissitzky, Hans Arp (Hg.): *Die Kunstismen*, Erlenbach/Zürich: Eugen Rentsch, 1925, S. 18; Lajos Kassák, László Moholy-Nagy (Hg.): *Buch neuer Künstler*, Wien: Ma, 1922.

55 Hans Trog: «Aus dem Zürcher Kunsthaus. III», in: *Neue Zürcher Zeitung*, 2.2.1919.

Modelle für die Klöppelindustrie im Lauterbrunnental

Mehrere Quellen weisen Sophie Taeuber 1915 als Studentin der Kunstgewerblichen Abteilung der Gewerbeschule Zürich aus, an der sie ein Jahr später Lehrerin wurde: Unterrichtsdokumentationen der Gewerbeschule enthalten Fotos von Semesterarbeiten Taeubers aus dem Jahr [Abb. 61].[56] Anlässlich der *Ausstellung von Schülerarbeiten der Gewerbeschule Kunstgewerbliche Abteilung* publizierte die Zeitschrift *Die Schweiz* einen Artikel über die Schule, betitelt «Neue Wege im Kunstgewerbe». Aus der Fachklasse für Stickerei bildete sie eine gekurbelte Decke mit floralem Muster ab von «Lehrerin Frau Frey-Amsler, Schülerin S. Täuber» [Abb. 33].[57] Dieses Detail aus der Biografie der Künstlerin ist insofern interessant, als 1915 auch die Zusammenarbeit für die Klöppelindustrie im Berner Oberländer Lauterbrunnental zwischen ihr und Alice Frey-Amsler, Fachlehrerin für Sticken, stattfand.

Im Zug der Kunstgewerbereform wurde die Klöppeltechnik wiederentdeckt. «Alle Arten alte Techniken werden wieder hervorgeholt, denn alles alte ächte findet Liebhaber»,[58] bemerkte die Aufsichtskommission der Gewerbeschule Zürich hinsichtlich Alice Frey-Amslers Klöppelinitiative. Klöppelspitzen bezeichnete Tina Frauberger in ihrem *Handbuch der Spitzenkunde* von 1894 als «Flechtwerk» und «Hand-Gewebe».[59] Sie entstehen durch das Kreuzen und Drehen von Garnpaaren. Unterschiedliche Kombinationen dieser Bewegungen ergeben die verschiedenen Schläge, etwa den Halb-, Ganz-, Flecht-, Formen-, Leinen-, Netz- und Löcherschlag. Eine grosse Zahl Fäden läuft gleichzeitig durch die Spitze, wobei Stecknadeln die Verflechtungen gemäss dem auf einem Kissen angebrachten Klöppelbrief fixieren. Die hölzernen Klöppel, auf die das Garn aufgewickelt ist, geben dem Handwerk seinen Namen. Zu Beginn des 16. Jahrhunderts vermutlich in Norditalien aus dem Bedürfnis erfunden, die Ränder eines

56 Die Fotos zeigen ein modulares Kissen in Kreuzstich und eine geklöppelte Tischdecke [Abb. 61]. Vgl. *Werkdokumentationen Gewerbeschule Zürich*, Zürcher Hochschule der Künste, Archiv.

57 Vgl. W.: «Neue Wege im Kunstgewerbe», in: *Die Schweiz* (1915), März, S. 165–167, Abb. S. 170.

58 Sitzung 16.12.1911, *Protokolle der Aufsichtssektionen 1898–1920*, Stadtarchiv Zürich.

59 Tina Frauberger: *Handbuch der Spitzenkunde. Technisches und Geschichtliches über die Näh-, Klöppel- und Maschinenspitzen*, Leipzig: E. A. Seemann, 1894, S. 156.

gewobenen Stoffes zu sichern, verbreitete sich das Klöppeln in ganz Europa. *Das Nüw Modelbuch*, die von einer Frau 1561 bei Christoph Froschauer in Zürich herausgegebene erste Mustersammlung deutscher Sprache, berichtet davon, dass italienische Kaufleute um 1536 die ersten Klöppelspitzen in die Schweiz importierten.[60]

«Eine ausgesprochene Schweizerspitze gab es nie»,[61] befand ein ausführlicher Beitrag zur Geschichte des Klöppelns in der Schweiz anlässlich der Ausstellung *Neue Klöppelspitzen* 1919 im Kunstgewerbemuseum Zürich[ ]. Spitzen wurden zum eigenen Gebrauch geklöppelt, bis sich im 18. und 19. Jahrhundert in Neuenburg, Château d'Oex, Genf, Steckborn und Lauterbrunnen gewerbliche Zentren bildeten. Die Industrialisierung setzte in der zweiten Hälfte des 19. Jahrhunderts auch der Produktion handgefertigter Spitzen zu. Zu Beginn des 20. Jahrhunderts kamen von Kunstgewerbeschulen neue Impulse für die Heimindustrie. So entwarfen die Kunstgewerbeschulen München und Nürnberg für die bayrischen Spitzenklöppelschulen Tiefenbach und Stadlern, zeichnete die Kunstgewerbeschule Budapest für den ungarischen Verband für Hausindustrie, die Hamburger Kunstgewerbeschule für den Deutschen Frauenbund zur Förderung der deutschen Spitzenindustrie, die Debschitz-Schule für die Spitzenschule der Fürstin von Pless im schlesischen Hirschberg, und dies zu der Zeit, als Sophie Taeuber in München studierte [ ].[62] Dagobert Peche, der von 1917 bis 1919 die Zürcher Filiale der Wiener Werkstätte leitete und dessen Arbeit Taeuber verfolgte, entwarf um 1920 bildhafte Klöppelspitzen. Auch in der Schweiz gab es Initiativen zur Erneuerung der Klöppelheimarbeit. In Genf, Coppet und Greyerz öffneten Fachschulen.[63] Und in Steckborn stiess eine Neuenburgerin das Wiederaufgreifen alter Muster an.[64] Hinsichtlich neuer Muster für das Lauterbrunnental schlug der

Abb. 60

Abb. 80

60 Vgl. Claire Burkhard: *Faszinierendes Klöppeln nach Mustern des ältesten Klöppelbuches deutscher Sprache (1561) mit Anwendungsbeispielen für unsere Zeit, Klöppelbriefen und Erläuterungen*, Bern/Stuttgart: Paul Haupt, 1986.

61 E. M. B.: «Spitzen», in: *Wegleitungen des Kunstgewerbemuseums der Stadt Zürich* (1919), Nr. 30, S. 10.

62 Vgl. W. Michel: «Neue Schlesische Spitzen», in: *Die Kunst. Monatshefte für freie und angewandte Kunst* (1912), S. 377.

63 Estelle Würsten: «Spitzen», in: Franziska Anner, Carl Ebner (Hg.): *Die kunstgewerbliche Arbeit der Frau in der Schweiz*, Chur: Schweizerland, 1916, S. 51–56, hier S. 55.

64 Alice Frey-Amsler: «Das Spitzenklöppeln in Steckborn», in: ebd., S. 159–163, hier S. 162.

Verein Schweizerischer Zeichen- und Gewerbelehrer eine Kooperation mit der Kunstgewerblichen Abteilung der Gewerbeschule Zürich vor.

Im Lauterbrunnental wurde das Klöppelhandwerk bereits Ende des 17. Jahrhunderts betrieben. Der Eintrag in einem Rechnungsrodel der Jahre 1669–1692 weist darauf hin, dass der örtliche Pfarrer und seine Frau das Spitzenklöppeln förderten. Bis in die 1860er Jahre wurden aus Rosshaar und später Seide Blonden geklöppelt, steife schwarze Haubenspitzen. Auf Anregung eines ehemaligen Landvogts aus Interlaken vermittelte um 1830 eine Neuenburgerin das Klöppeln weisser Spitzen, die im Sommer an Touristen und Touristinnen im Tal und im Winter an der Riviera verkauft wurden. In den 1890er Jahren zeichnete Pfarrersfrau Elisabeth Stauffer-von Allmen Muster nach alten Vorlagen und organisierte Aufträge der Strickereien Zimmerli in Aarburg und Ryff in Bern. Zu Beginn des 20. Jahrhunderts drückte der Import billiger böhmischer und sächsischer Hand- und englischer Maschinenspitzen auf die Preise. Alice Frey-Amsler, Sticklehrerin an der Gewerbeschule Zürich, hielt im Herbst 1911 einen vierwöchigen Klöppelkurs in Lauterbrunnen. 1912 folgten weitere Kurse in der Gegend und die Gründung des Vereins zur Hebung der Klöppelindustrie im Lauterbrunnental. 1912 arbeitete der Verein mit rund zwanzig Arbeiterinnen zusammen, 1917 waren es bereits 450. Es gelang, den Tageslohn von 0.80–1 Fr. auf 2 Fr. zu erhöhen. Pfarrer Paul Gerhart Trechsel beschaffte bessere Kissen und Klöppel aus Zwetschgenholz, koordinierte den Einkauf hochwertigen Leinengarns und sorgte für einen gesicherten Absatz der Spitzen, etwa indem in grösseren Städten Verkaufsdepots eingerichtet wurden.[65]

«Der Verein sorgt für die Einführung bester Dessins»,[66] heisst es in den Statuten. Dieser Herausforderung stellte sich Alice Frey-Amsler. 1911 studierte sie die Entwicklung der Klöppelheimindustrie im böhmischen Adlergebirge und im sächsischen Erzgebirge, besuchte die Staatliche Spitzenschule Bamberg, eine Zweigstelle des Zentralspitzenkurses in Wien, die Spitzenschule in Schneeberg und die Kinderklöppelschule in Aue und sammelte

65 Vgl. Hans Michel: *Buch der Talschaft Lauterbrunnen. 1240–1949*, Interlaken: Otto Schlaefli, 1950, S. 263–269; Alice Frey-Amsler: «Die Lauterbrunner Spitzenindustrie», in: ebd., S. 163–167.

66 *Statuten Verein zur Hebung der Klöppel-Industrie im Lauterbrunnental*, 1912, Sammlung Maria Lehner, Beatenberg.

Muster. Zunächst hielt sie sich an alte Vorlagen, die ihr von Museen und Privaten zur Verfügung gestellt wurden [ ].[67] Die *Neue Zürcher Zeitung* berichtete 1915 bezüglich der von Vereinsmitglied Bertha Hürlimann-Hirzel veranstalteten Spitzenausstellung im Zunfthaus zur Meise in Zürich von «Klöppelarbeit nach guten alten Mustern»[68] aus verschiedenen Gegenden Europas. Diese wurden in Tusche auf Transparentpapier übertragen, signiert und datiert und unter lokalen Namen wie *d's Chnedi, d's Rosenblettli, d'Litschena* patentiert. Jede formale Adaption eines Musters wurde von der zeichnenden Person signiert. Die meisten Klöppelbriefe stellte Robert Frey her, Schokoladenfabrikant aus Aarau, der seit 1898 mit Alice Frey-Amslers Schwester Hedwig Amsler verheiratet war.[69] Gegen 300 Vorlagen mit den Kürzeln R. F., R. Frey oder R. Frey-Amsler haben sich erhalten. «Frl. Amsler ist emsig bemüht, die Zahl der Muster zu vermehren», wurde 1911 in der Aufsichtskommission der Gewerbeschule festgestellt.[70] 1916 wurden 200 Klöppelbriefe unter Schutz gestellt, 1917 folgten weitere 356. Sie wurden von 1912 bis 1919 vom Verein zur Hebung der Klöppelindustrie im Lauterbrunnental, K. I., verwaltet, von 1919 bis 1979 vom nachfolgenden Verein für Heimarbeit im Berner Oberland, H. B. O.[71] An die Klöpplerinnen wurden sie in Form von Blaupausen verteilt. Diese heliogravierten Klöppelbriefe zeigen die Muster in Weiss auf blauem Grund [ ]. Zum Verkauf wurden Musterbücher erstellt [ ].

Abb. 48

Abb. 50

Abb. 39

Alice Frey-Amsler, 1877 in Schinznach geboren, ausgebildet in textilen Techniken, so 1896/97 in Kunststicken an der Zeichnungsschule für Industrie und Gewerbe St. Gallen, unterrichtete bis 1902 Sticken an der Höheren Töchterschule in Zürich. Dann wechselte sie an die Gewerbeschule Zürich, wo sie mit einer Unterbrechung 1913/14 bis 1934 tätig war, ab 1916 an der Kunstgewerblichen Abteilung und als deren einzige gewählte weibliche

67 Vgl. Frey-Amsler: «Die Lauterbrunner Spitzenindustrie» (wie Anm. 65), S. 164–166.

68 «Spitzenausstellung in der ‹Meise› in Zürich», in: *Neuer Zürcher Zeitung*, 27.10.1915.

69 «Ihr Schwager, Robert Frey-Amsler zeichnete ihr die zur Einführung notwendigen Klöppelbriefe.» Aufgrund dieser Information aus dem Nachruf *Alice Frey-Amsler*, Sammlung Thomas Frey, St. Gallen, liess sich der Zeichner identifizieren. Wir danken Thomas Frey für die Einsichtnahme.

70 Sitzung 16.12.1911, *Protokolle der Aufsichtssektionen 1899–1920*, Stadtarchiv Zürich.

71 Vgl. Christoph Wyss: *Spitzenklöppeln im Lauterbrunnental*, Unterseen/Interlaken: Touristik-Museum der Jungfrau-Region, 1997, S. 22.

Abb. 83 Lehrperson [ ]. An der Gewerbeschule unterrichtete Alice Frey-Amsler an der Fachklasse für Sticken. Sie heiratete am 15. Juli 1913 in Aarau Othmar Frey-Schmidlin, ehemaliger Direktor der Aargauischen Kantonalbank, der jedoch bereits am 4. März 1914 starb. «Die Förderung des Spitzenklöppelns» sei «ein besonderes Verdienst von Frau Frey-Amsler», erklärte der Direktor der Gewerbeschule Zürich, Alfred Altherr, gegenüber der Aufsicht 1918.[72] Ein Foto zeigt sie um 1920 in ihrem Klassenzimmer, an der Wand Klöppelmuster
Abb. 47 [ ]. Die Blätter gehören zu einer Sammlung von historischen Spitzenmustern, die das Kunstgewerbemuseum zum grössten Teil 1877 von Mathilde Jörres und Jakob Krauth angekauft hatte
Abb. 42, 43, 44, 45, 46, 63 [ ].[73] Um 1915 entstanden in Frey-Amslers Unterricht neue Muster, so von Sophie Taeuber, Gertrud Lincke und Elsa Weill.

In der von Franziska Anner und Carl Ebner herausgegebenen Publikation *Die kunstgewerbliche Arbeit der Frau in der Schweiz*, 1916, sind zwei Arbeiten abgebildet, die Sophie Taeuber entworfen
Abb. 72 und Alice Frey-Amsler geklöppelt hat [ ].[74] Vermutlich sind beide auf 1915 zu datieren, der Entwurf mit Bogenrand ist aufgrund des Fotos einer Tischdecke nachweislich aus diesem Jahr
Abb. 61 [ ].[75] Diese Decke war mit weiteren Entwürfen Taeubers in der Ausstellung *Neue Klöppelspitzen* zu sehen, die das Kunstgewerbemuseum der Stadt Zürich vom 5. Oktober bis 9. Novem-
Abb. 60 ber 1919 ausrichtete [ ]. Darüber schrieb die *Neue Zürcher Zeitung*: «Auch die gediegene Kunstgewerblerin Sophie Täuber (Zürich) hat einige hervorragende Entwürfe, deren Übertragung wiederum Frau Frey besorgte, beigesteuert.»[76] Die *Züricher Post* empfahl die Lektüre der Wegleitung: «Erst dann wird der Laie imstande sein, sowohl die exakten Kopien alter Muster wie die neuen Entwürfe (der Name Tauber ist damit besonders

72 Protokoll 27.6.1918, *Gewerbeschule der Stadt Zürich, Protokolle Aufsichtssektion IV kunstgewerbliche Abteilung, 1916–1935*.

73 Wir danken Julia Klinner vom Museum für Gestaltung Zürich für diese Information. Mathilde Jörres (1833–1912), die sich für Ausbildungs- und Berufsmöglichkeiten von Frauen einsetzte, eröffnete 1863 in München eine Unternehmung für Kunststickerei und Paramente. Jakob Krauth (1833–1890) lehrte ab 1880 an der Gewerbeschule Krefeld. Seine Textilsammlung bildet den Kern der dortigen Gewerbesammlung.

74 Alice Frey-Amsler: «Macramé, Reticella und Klöppeln», in: Anner, *Die kunstgewerbliche Arbeit der Frau in der Schweiz* (wie Anm. 63), S. 57–60, hier S. 59, Taf. 20.

75 Wie Anm. 56.

76 wi.: «Die neue Schau im Kunstgewerbemuseum», in: *Neue Zürcher Zeitung*, 11.10.1919.

in Verbindung zu bringen), ihre Übersetzung ins Technische (Frau Frey-Amsler) und die Ausführung (Lauterbrunner Heimindustrie) richtig zu bewerten.»[77] Von den beiden bei Anner abgebildeten Mustern Sophie Taeubers kaufte das Kunstgewerbemuseum Zürich aus seiner Ausstellung *Schweizer Heimarbeiten*, die vom 20. bis 25. April 1921 stattfand, je ein Exemplar für seine Sammlung an:

«N° 795, Untersatz rund, weiss Leinen, umsäumt mit Klöppelspitze, Zickzack mit Bogenrand, Entwurf: Frau S. Taeuber-Arp, Zürich (damals noch Frl.), Übertragung ins Technische: Frau Frey-Amsler, Aarau

N° 666, Untersatz rund, mit Klöppelspitze, umsäumt, Dessin Glockenblume [ ]»[78] Abb. 59, 51

Die Beschreibung von Nr. 795 veranschaulicht die geometrische Qualität des Blütenmodells [ ]. Abb. 53–61 Ähnlich typisierte Blumen sind von Sophie Taeubers bunten Wollstickereien bekannt [ ]. In Abb. 30 der Reduktion auf Weiss und der Darstellung im Schnitt potenziert sich die Abstraktion. Historische Fotos der Gewerbeschule Zürich von Alice Frey-Amslers Sammlung alter Muster zeigen, dass Sophie Taeuber an einen Typus anknüpfte und ihn geometrisierte [ ]. Keines der floralen Motive Abb. 48 aus Lauterbrunnen erreicht denn auch diese Präzision [ ]. Motiv Nr. 666 richtet sich nicht Abb. 65–70 nach aussen, sondern schmiegt sich der Bordüre entlang, Glockenblume und eingerolltes Blatt im Wechsel [ ]. Beide Muster wurden vom Abb. 49–52 Verein Klöppelindustrie Lauterbrunnen auf verschiedene Kreis- und Ovalgrössen adaptiert, wie acht Zeichnungen und eine Blaupause dokumentieren [ ]. Von Sophie Taeubers Entwurf Abb. 49–58 Nr. 775 hat sich eine einzige Zeichnung erhalten [ ]. Diese zeigt wiederum Glockenblumen, je- Abb. 64 doch als Bild und orthogonal geometrisiert.[79] Es ist gut möglich, dass Taeuber auch diesen Klöppelentwurf 1915 schuf, denn aus diesem Jahr datiert die erste ihrer vertikal-horizontalen Kompositionen, die sie zu einer Pionierin abstrakt-geometrischer Kunst machten [ ]. Abb. 114

77 gt.: «Ausstellung im Kunstgewerbemuseum», in: *Züricher Post*, 8.10.1919.

78 Für diese Informationen aus den Ankaufsbüchern des Kunstgewerbemuseums, heute Museum für Gestaltung Zürich, danken wir Julia Klinner.

79 Die Klöppelbriefe haben sich im Tal- und Sagenmuseum Lauterbrunnen erhalten.

Stilbildende Hilfslehrerin an der Kunstgewerblichen Abteilung der Gewerbeschule Zürich

Am 8. Mai 1916 gab Sophie Taeuber ihre erste Unterrichtsstunde an der Fachschule für Sticken der Gewerbeschule Zürich. Es liegt nahe, dass Alice Frey-Amsler sie nach der vorangegangenen Zusammenarbeit beim gemeinnützigen Klöppel-
Abb. 83 projekt als Hilfslehrerin vorschlug [ ]. Alfred Altherr, von 1912 bis 1938 Direktor der Gewerbeschule und des Kunstgewerbemuseums Zürich, reformierte die Kunstgewerbeschule, indem er sie der Gewerbeschule eingliederte und neben «Fachlehrern» und «Werkmeistern» junge Künstlerinnen und Künstler anstellte, die als «Hilfslehrer» kreative Impulse gaben. Selbst mässig modern, war er ein engagierter Förderer der Kunstgewerbereform. Materialgerechte und funktionale Modelle erzielte er «durch eine Abkehr vom Papier, vom blutarmen, blossen Entwerfen zur Ausführung im Material, in Leinen, Wolle, Seide, in Metall der verschiedensten Art, in Holz, im Zeichnen direkt auf den Stein, im Hantieren an den Pressen»,[80] wie Hermann Röthlisberger in der Zeitschrift *Das Werk* erörterte. Altherr förderte die Zusammenarbeit der verschiedenen Abteilungen, so durch Ausstellungsprojekte, die ganze Interieurs umfassten, und die Gründung des Schweizerischen Marionettentheaters, für das Sophie Taeuber 1918 Carlo Gozzis Märchenspiel *König Hirsch* in einer Aktualisierung inszenierte. Die Reform der Zürcher Kunstgewerbeschule war 1905 vom belgischen Vorgänger Julius de Praetere initiiert worden.[81] Er hatte alle Lehrenden aus der Praxis neu berufen. Wie später das Bauhaus, wies er der «Raumkunst» eine integrierende Funktion zu.[82] «Kunstgewerbe wird in der Architektur aufgehen»,[83] pointierte Sigfried Giedion 1926 in der *Neuen Zürcher Zeitung*. Diese Entwicklung zeigt Sophie Taeubers Werk exemplarisch. Der Kunsthistoriker Wilhelm Fraenger bezeichnete ihre Textilien denn auch aufgrund ihrer Elementargrammatik als «Teilgebilde neuer Baukunst»[84].

80 H. R.: «Unser Nachwuchs», in: *Das Werk* (1918), Nr. 5, S. 67.

81 Vgl. *Gründung und Entwicklung. 1878–1978: 100 Jahre Kunstgewerbeschule der Stadt Zürich, Schule für Gestaltung, Auftrag: Bilden und Gestalten für Mensch und Umwelt*, Zürich: Kunstgewerbemuseum der Stadt Zürich, 1987, S. 79–94.

82 Vgl. «Die neue Züricher Kunstgewerbeschule», in: *Die Kunst. Monatshefte für freie und angewandte Kunst* (1907), S. 505–520, hier S. 509.

83 Sigfried Giedion: «Ende und Neugestaltung der ‹Kunstgewerbeschulen›», in: *Neue Zürcher Zeitung*, 29.8.1926.

84 Wilhelm Fraenger: «Arbeiten von Sophie H. Taeuber-Arp», in: *Deutsche Kunst und Dekoration* (1924), Nr. 11, S. 294–297, hier, S. 297.

Die Stickerei hatte in Zürich nicht den gleichen Stand wie in der Metropole St. Gallen. Erst nachdem die Handarbeitskurse der Höheren Töchterschule wegen fehlender Wissenschaftlichkeit in die Gewerbeschule integriert worden waren, wurde dort 1904 eine Fachschule für Sticken aufgebaut. Alice Frey-Amsler votierte für einen dreijährigen Lehrgang, doch selbst die weiblichen Mitglieder der Aufsichtskommission wollten dem «Luxusfach» Stickerei nur zwei Jahre zugestehen.[85] Während die Stickereistudierenden an der Gewerbeschule in der Folge zunahmen, gingen sie an der Kunstgewerbeschule wegen schlechter Berufsaussichten so markant zurück, dass im März 1910 die Aufhebung der Fachschule für Textile Kunst beschlossen wurde,[86] dies, obwohl Frauen nur hier uneingeschränkt zugelassen waren. Die meisten der im 19. Jahrhundert gegründeten Kunstgewerbeschulen standen zwar von Anfang an Schülerinnen offen, hielten jedoch mindestens bis in die 1930er Jahre an Restriktionen fest, so auch die 1878 gegründete Kunstgewerbeschule der Stadt Zürich. Die Schule erachtete die Berufsmöglichkeiten für Frauen als gering und nahm daher nur wenige in die Fachklassen auf.[87]

Auf das Wintersemester 1915 schuf die Kunstgewerbeschule allerdings schon wieder eine Fachschule für Sticken, bevor sie im Frühling 1916 als Kunstgewerbliche Abteilung der Gewerbeschule eingegliedert wurde. Sophie Taeuber lehrte ab Sommersemester 1916 an dieser neu konzipierten Fachschule, die infolge grossen Andrangs zum Wintersemester 1919 bereits wieder neu organisiert werden musste.

«Die kunstgewerbliche Abteilung weist für das Sommersemester 1919 109 männliche und 105 weibliche Kursteilnehmer auf. Von den 105 weiblichen Kursteilnehmerinnen besuchen also 76 die Stickereiabteilung. Die immer zahlreicher werdenden Anmeldungen in dieser Klasse erfordern eine Neuregelung des Unterrichtes und es mussten schon gedruckte Abweisungsschreiben gemacht werden, um die vielen Dilettantinnen von der Schule fernzuhalten. Von den 76 Stickerinnen sind

85 Vgl. Sitzung 25.5.1906, *Protokolle der Aufsichtssektionen 1899–1920*, Stadtarchiv Zürich.

86 *Präsidialverfügungen der Stadt Zürich*, 17.3.1910, Stadtarchiv Zürich. Der drastische Rückgang der Studentinnen bis auf eine im Sommersemester 1913 lässt sich an den Anmeldescheinen im Archiv der Zürcher Hochschule der Künste nachvollziehen.

87 Vgl. *Gründung und Entwicklung* (Anm. 81), S. 42, 123–125.

30 Fachschülerinnen, die sich für das Stickereifach im Entwerfen und Modezeichnen als Erwerbsquelle ausbilden wollen und die restierenden 46 sind Hospitantinnen, welche ihre Kenntnisse im Sticken zum teil für den hauswirtschaftlichen Gebrauch oder aus Liebhaberei zu erweitern suchen.»[88]

Zum Wintersemester 1919 war die dreijährige Fachschule für Sticken der Kunstgewerblichen Abteilung Fachschülerinnen vorbehalten, während Hospitantinnen den hauswirtschaftlichen Kursen an der Gewerbeschule zugewiesen wurden. Per Wintersemester 1926 wurde mit der obligatorischen Aufnahmeprüfung an der kunstgewerblichen Abteilung zudem ein Numerus clausus eingeführt, der den Anteil der Frauen auf höchstens zwei Fünftel der Studierenden festsetzte. Sophie Taeuber nahm bis zu ihrem Weggang von der Schule im März 1929 mit drei Kollegen die Prüfungsarbeiten ab. 1928 wirkte sie als einzige Frau in einer Kommission mit, die Altherr im Hinblick auf eine erneute Restrukturierung der Kunstgewerblichen Abteilung bestellt hatte. Diese bestand aus den beiden Direktoren der Gewerbeschule, dem Vorsteher der kunstgewerblichen Abteilung, einem Fachlehrer, einem Werkstattlehrer und drei Hilfslehrern «(einschliesslich einer Hilfslehrerin)».[89]

Mit ihrem experimentellen Unterricht verstand Sophie Taeuber, die Schülerinnen aus der Reserve zu locken. «Sie hat ja die Atmosphäre unsicher gemacht»,[90] erinnerte sich die Textilkünstlerin Elsi Giauque-Kleinpeter.

«Ihren Lehrauftrag verstand sie grundsätzlich anders als andere ... In ihrer Textilklasse gab es noch keinen Webstuhl und vorerst auch nichts, was mit Textilien in irgendwelcher Weise in Verbindung gewesen wäre. Fläche – Raum – Farbe – Sophie Taeuber ging es rein um die Förderung der Kreativität. Waagrecht – senkrecht – jede Linie, die wir zogen, wurde zur Frage, wir waren bei Null angelangt. So fingen wir wieder an, mit unverstandenen Motiven zu arbeiten, die kaum einer Zeichnung glichen. Unnützes Zeug, merkwürdige Materialien waren Stoffe ihres Unterrichts. Aus diesen mussten wir schon am nächsten Morgen etwas gemacht haben.

88 Sitzung 15.9.1919, *Protokolle, Lehrerkonferenz* [Kunstgewerbliche Abteilung der Gewerbeschule Zürich, 1916–1931], Stadtarchiv Zürich.

89 Sitzung 29.2.1928, ebd.

90 *Elsi Giauque im Gespräch mit Lothar Drack*, 22.1.1988, Audiokassette, Privatbesitz.

Ohne irgendein ersichtliches Programm, ohne Präzisierungen darüber, was sie erwartete oder eher erhoffte, waren wir auf uns selbst angewiesen; wir sollten finden, erfinden, selbständig etwas schaffen, was noch niemand vorher gemacht hatte.»[91]

Hinter Taeubers methodischer Offenheit stand ein theoretischer Anspruch, der sich in ihren Publikationen dokumentiert, dem Aufsatz *Bemerkungen über den Unterricht im ornamentalen Entwerfen*, 1922, und der zusammen mit ihrer ehemaligen Schülerin Blanche Gauchat herausgegebenen Mappe *Zeichnen für textile Berufe*, 1927 [ ].[92] Dass die Gewerbeschule ein Lehrmittel ihrer Hilfslehrerin verlegte, zeigt deren aussergewöhnliches Ansehen. Die Schule gab zwar ab 1916 etwa alle zwei Jahre eine Schrift heraus, doch bis 1927 nur eine weitere aus der kunstgewerblichen Abteilung. Taeubers Veröffentlichungen manifestieren eine moderne Haltung, die über die Anliegen der Kunstgewerbereform hinausgeht und die maschinelle Fabrikation einschliesst. Der bedeutende Zürcher Kulturtheoretiker Sigfried Giedion erachtete sie denn auch als die Progressivste der Schule, wie aus einem Brief von ihr an Hans Arp hervorgeht: «Giedion hat den Gubler gefragt wer nun eigentlich der Stärkste an der Schule sei, der sagte Keller und Kienzle und sei sehr erstaunt gewesen, dass ich das sein soll, Giedion sagt ausser mir und zum Teil noch Keller sei die Schule absolut belanglos, das hat mich doch gefreut.»[93]

Abb. 84

Sophie Taeuber war eine stilbildende Lehrerin. Dies machen Entwürfe ihrer Schülerinnen augenfällig. Spezifisch ist, wie sie Motiv und Grund zu einer Flächenkomposition verknüpfen, indem das abstrakt figurative Motiv bis an den Rand der Spitze reicht oder indem Elemente den Grund ganz einnehmen. Der erste Typus entstand in den späten 1910er Jahren und zeigt symmetrische Motive, eine Blume, einen Kopf, die Abfolge von Männchen und Frauchen, wie sie von historischen Spitzen aus den Abruzzen überliefert ist [ ]. Eine

Abb. 72, 73, 74, 75, 77

91 Elsi Giauque: «In ihrer Textilklasse gab es vorerst keinen Webstuhl», in: Sandor Kuthy (Hg.): *Sophie Taeuber – Hans Arp. Künstlerpaare – Künstlerfreunde,* (Ausst. Kat. Kunstmuseum Bern, Stiftung Hans Arp und Sophie Taeuber-Arp, Rolandseck), 1988, S. 89.

92 Taeuber-Arp, «Bemerkungen über den Unterricht im ornamentalen Entwerfen» (wie Anm. 7), S. 156–159, und Sophie Henriette Arp-Taeuber, Blanche Gauchat: *Zeichnen für textile Berufe*, Zürich und Schul- und Bureaumaterialverwaltung der Stadt Zürich, 1927.

93 Brief Sophie Taeuber-Arp an Hans Arp, Anfang Mai 1927, in: Hoch, *Sophie Taeuber-Arp* (wie Anm. 3), Bd. 2, S. 620.

ähnliche Auffassung, allerdings mit gerundeten Formen, manifestieren gleichzeitige Klöppelmuster des Wieners Carl Otto Czeschka, der ab 1907 an der Hamburger Kunstgewerbeschule lehrte

Abb. 78 [ ]. Der zweite Typus aus den frühen 1920er Jahren fügt vorwiegend abstrakte Elemente zu einem asymmetrischen puzzleartigen Flächenmuster

Abb. 81, 82 [ ]. Diese beiden Möglichkeiten hat Sophie Taeuber 1915 mit ihren Klöppelmodellen geprägt

Abb. 72 [ ]. Sie finden sich wiederholt in Arbeiten der Künstlerin

Abb. 76, 89 [ ].

Der neue Stil fiel in Ausstellungen von Studierendenarbeiten im Kunstgewerbemuseum Zürich auf. So berichtete die *Zürcher Rundschau* 1922: «Die kunstgewerblichen Arbeiten unter Oberleitung von Sophie Täuber sind sämtlich äusserst wertvoll. Höchst persönliche Motive finden in verschiedenster technischer Auswirkung Anwendung.»[94] Bereits im Herbst 1916 bemerkte Hermann Röthlisberger eine Reform an der Fachschule für Sticken:

«Das Erfreuliche in den ausgestellten Zeichnungen als Entwürfe zu später ausgeführten Arbeiten lag darin, dass sie vom ersten Strich an für die Besonderheit der bestimmten Technik, ob Klöppelspitze, Kurbelstich, ob punto tirato oder Kreuzstichstickerei, vorbedacht sind. Und alte Techniken, Wollstickerei, die Straminfüllungen von Grossvaters Hochzeitspantoffeln her werden wieder gepflegt, doch in welcher regen neuzeitlichen Fülle an leuchtenden Farben und verwegenen Formen.»[95]

Ein Wettbewerbsbeitrag, gebaute, collagierte und signierte Textilien

1921 veranstaltete der Entwerferverein St. Gallen einen «Wettbewerb für eine neuartige Weissstickerei». Der 1882 gegründete Berufsverband der Zeichner, der sich ab 1914 Entwerferverein St. Gallen nannte, versprach sich daraus neue Impulse für die durch den Ersten Weltkrieg und die veränderte Mode in eine Krise geratene Maschinenstickerei, bis zum Krieg wichtigstes Schweizer Exportgut. Der anonyme Wettbewerb liess Format, Technik

94 m.: «Ausstellung von Schülerarbeiten der Kunstgewerblichen Abteilung der Gewerbeschule der Stadt Zürich. 24. September bis 29. Oktober», in: *Zürcher Rundschau* (1922), Nr. 33.

95 R.: «Ein Epilog zur Ausstellung der Gewerbeschule Zürich. Ein Beitrag zur Handwerkerschulung», in: *Neue Zürcher Zeitung*, 1.10.1916.

und Funktion offen wie auch die Verwendung von «modernen Formen oder solchen älterer Stile».[96] Sophie Taeuber reichte ihren Entwurf für eine Decke mit dem Motto «Vogel» als Erste ein.[97] Erhalten hat sich die Entwurfszeichnung für das quadratische Mittelstück [ ]. Sie zeigt Pfau, Schloss, Baum, Sonne, Vögel in geometrisierten Formen und dicht zu einem Bild gebaut. Die gestickte Ausführungsprobe ist als Foto in den vom Entwerferverein St. Gallen herausgegebenen *Mitteilungen aus Stickerei und Kunst-Gewerbe* dokumentiert [ ].[98] Das Stickbild erscheint infolge des Stüpfelns seitenverkehrt – Löchlein im Papier belegen diese Art der Übertragung.[99] Es weist verschiedene Stiche auf, etwa unterschiedliche Zughohl- und Flechtstiche.[100] Massgebend war für den Entwerferverein die «künstlerische ornamentale Qualität»[101]. Taeubers bildhafter Beitrag, einer von 62, bekam nur einen 3. Preis, vermutlich weil er nicht als Rapport konzipiert war. Allerdings gab es keinen ersten. «Das Preisgericht war einstimmig der Ansicht, dass die Qualität der Arbeiten keineswegs den Erwartungen entspreche und dem wesentlichen Sinne der Veranstaltung gerecht werde, und zwar sowohl in Bezug auf die ornamentale, als auch die technische Seite der Aufgabe, als auch insbesondere in Bezug auf die Eignung als Anregung für die Industrie.»[102]

Abb. 94a, 94b

Abb. 97

In Bezug auf Sophie Taeubers eigene Entwurfsverfahren ist der Wettbewerbsbeitrag von besonderem Interesse. Die Künstlerin hatte 1915 nicht nur ihre erste vertikal-horizontale Komposition [ ], sondern auch eine abstrakte Typologie der figürlichen Welt geschaffen [ ]. Im quadratischen Kissen in Kreuzstich aus dem gleichen Jahr verknüpfte sie diese beiden Konzepte [ ].[103] Rezensionen lassen darauf schliessen, dass diese

Abb. 114

Abb. 88

Abb. 89

96 Vgl. «Weissstickerei-Wettbewerb», in: *Mitteilungen aus Stickerei und Kunst-Gewerbe* (1921), Nr. 1, S. 2.

97 Vgl. Eingangsliste *Wettbewerb «Weissstickerei»*, Entwerferverein St. Gallen, Archiv.

98 Vgl. *Mitteilungen aus Stickerei und Kunst-Gewerbe* (1921), Nr. 3, S. 20.

99 Wir danken Urs Hochuli für die Erläuterung zur Übertragungsmethode.

100 Bei Christine Freydl-Kuster, Textilmuseum St. Gallen, bedanken wir uns für Hinweise zur Sticktechnik.

101 Wie Anm. 96.

102 «Wettbewerb für eine neuartige Weisstickerei 1921. Protokoll der Jury-Sitzung», in: *Mitteilungen aus Stickerei und Kunst-Gewerbe* (1921), Nr. 3, S. 12.

103 Zwei Werkdokumente der Gewerbeschule mit Foto weisen das Kissen als Arbeit Taeubers von 1915 aus. *Werkdokumentationen Gewerbeschule Zürich*, Zürcher Hochschule der Künste, Archiv.

Arbeit in der *Textil-Ausstellung* zu sehen war, die das Kunstgewerbemuseum Zürich vom 6. Februar bis 5. März 1916 veranstaltete. «Eine besondere Farbkultur, deren Hauptwerte ein glühendes Zinnober, ein warmes Violett und ein sattes Grün ausmachen, vertritt Sophie H. Täuber (Zürich)»,[104] bemerkte die *National-Zeitung*. Im März 1916 wurde das bunte Kissen vom Kunstgewerbemuseum Zürich angekauft.[105] Ein modulares Verfahren bestimmt die vertikal-horizontale Komposition: Sieben geometrische und typisierte figürliche Motive sind in jedem Register anders angeordnet, so, dass sie nicht übereinander liegen. Konzept scheint auch die Farbgebung zu haben: Die Buntfarben ergänzen sich optisch zu einem Dunkelgrau in Entsprechung zur Mischung von Weiss und Schwarz. Blume und Vogel sind präzise in die Rechteckfelder eingepasst, wobei sich Figur und Grund farblich so wenig unterscheiden, dass der geometrische Charakter der Komposition gewahrt bleibt. Module dieses Entwurfs hat Sophie Taeuber in weiteren Arbeiten wiederverwendet, so in einer collagierten Märchenmappe für ihre Schwester Erika Schlegel-Taeuber.

Franziska Anner reproduzierte das Kissen in *Die kunstgewerbliche Arbeit der Frau in der Schweiz*, 1916, wahrscheinlich in einer Ansicht der oben erwähnten Ausstellung. Entgegen unserer These, wonach das Kunsthandwerk infolge der Forderung nach Materialgerechtigkeit in den 1910er Jahren in der Abstraktion voranging, erörterte sie Anregungen aus der futuristischen, kubistischen und expressionistischen Malerei. Im «Sofakissen» sah sie «geometrische Formen des Kubismus».[106] Uns erinnert Taeubers Praxis der vertikal-horizontalen Kompositionen mit abstrakten Motiven vielmehr an die Heraldik. Die Art, wie typologische Figuren in Quadratfelder eingepasst sind, findet sich jedoch auch in Stickereien und Spitzen insbesondere des 16. Jahrhunderts. Prägnante Beispiele konnte Sophie Taeuber im Industrie- und Gewerbemuseum St. Gallen studieren, dem Leopold Iklé 1904 einen Teil seiner bedeutenden Sammlung geschenkt hatte, den er 1908 in einem Katalog publizierte. Ein Einsatz in Nadelspitze aus Grossbritannien etwa zeigt präzise in quadratische Felder gesetzt typo-

104 i.: «Die Textilausstellung im Zürcher Kunstgewerbemuseum», in: *National-Zeitung*, 22.2.1916.

105 Vgl. *Inventarbuch*, Nr. 6, Kunstgewerbemuseum Zürich, heute Museum für Gestaltung Zürich, Kunstgewerbesammlung, ZHdK

106 Franziska Anner: «Der Einfluss der Kunstmoden auf das Kunstgewerbe», in: Anner, *Die kunstgewerbliche Arbeit der Frau in der Schweiz* (wie Anm. 63), S. 29–33, hier S. 29.

logische Motive wie Adler, Hirsch, Reiter und Adam und Eva neben dem Paradiesbaum [ ]. Abb. 86 Diese Arbeit war im *Katalog* von 1908 abgebildet, wie auch eine Leinendecke mit Goldstickerei, die in einem Quadratraster Blumen, Hirsche und Vögel zeigt [ ].[107] Abb. 87

Sophie Taeuber schuf eine eigene Sprache aus geometrischen und abstrakt figurativen Zeichen [ ]. Abb. 88 Sie ordnete diese nicht nur im Raster an, sondern auch in der Reihung, wie ein Stickentwurf auf Millimeterpapier veranschaulicht, der motivisch mit dem Wettbewerbsbeitrag von 1921 verwandt ist [ ]. Abb. 91 Auch für die Reihung gab es schon zu Sophie Taeubers St. Galler Zeit ein Modell im Industrie- und Gewerbemuseum. Ein Leineneinsatz aus Italien in Doppeldurchbruch, 1590–1610, präsentiert nach diesem Prinzip Insignien wie Schloss, Paar, Adler [ ]. Abb. 90 Taeubers Wettbewerbsentwurf konstruiert aus Zeichen ein Bild, eine Flächenkomposition, die jedes Zeichen so einpasst, dass es Ränder oder andere Zeichen berührt. Sophie Taeubers neue Praxis, Bilder zu bauen, unterscheidet sie etwa von der Textilkünstlerin Irma Kocan, die ebenfalls mit einem Vokabular aus typischen Figuren wie Haus, Baum, Vogel und Mensch arbeitete. Deren Entwürfe wirken indes eher wie Streubilder [ ]. Abb. 95 Ein ähnliches typologisches Kompositionsprinzip weist auch Herta Kochs bunte Seidenstickerei auf [ ].[108] Abb. 96

Sophie Taeubers modulares Verfahren mit abstrakten Figuren veranschaulicht sich etwa in einem gestickten farbigen Kissen [ ] Abb.99 und einer weissen Tüllstickerei [ ]. Abb. 98 Beide zeigen sie die Motive Sonne, Baum und Turm in ähnlich konstruktiver Flächenverstrebung wie im St. Galler Wettbewerbsbeitrag. So erfinderisch Sophie Taeuber war, interessierte sie sich auch dafür, was andere machten, beispielsweise die Wiener Werkstätte.[109] Nach der ruralen Wollstickerei auf Naturleinen eignete sie sich um 1920 auch die urbane Mode der Seidenstickerei auf Tüll an, wie sie damals insbesondere Dagobert Peche [ ], Abb. 103 Hilda Jesser, Fritzi Löw, Reni Schaschl und Emmy Zweybrück praktizier-

107 Industrie- und Gewerbemuseum St. Gallen (Hg.): *Textilsammlung Iklé. Katalog 1908*, Zürich: Orell Füssli, 1908, S. 137, 221.

108 W. M.: «Stickereien und Stoffe von Herta Koch – Darmstadt», in: *Deutsche Kunst und Dekoration* (1913/14), S. 96–99, Abb. S. 97.

109 Vgl. Brief Sophie Taeuber an Hans Arp, 5.5.[1919], in: Hoch, *Sophie Taeuber-Arp* (wie Anm. 3), Bd. 2, S. 143.

ten.[110] Der österreichische Kunsthistoriker Max Eisler erörterte in einem Artikel die Praktiken der Wiener Werkstätte, in denen «das Leinen gegen den Tüll, das Bunte gegen das Weisse, das breite Muster gegen das Filigrane»[111] zurücktrete. An der *Première Exposition Nationale d'Art appliqué*, die vom 6. Mai bis 25. Juni 1922 in der Halle du Comptoir suisse in Lausanne zu sehen war, zeigte Sophie Taeuber eine Tülldecke in einem Schlafzimmer von Wilhelm Kienzle, Kollege an der Gewerbeschule Zürich [Abb. 101]. Anders als bei Peche berühren die Figuren – Vögel, Masken, gedrechselter Kopf, Stele mit Figurine und Fisch – den Rand und ragen von allen vier Seiten teils weit ins Zentrum hinein [Abb. 102]. Das Kunstgewerbemuseum Zürich kaufte die Decke 1925 aus seiner Schau *Schweizer Kunst und Kunstgewerbe von der Ausstellung in Stockholm* an.[112]

Für den ovalen Knüpfteppich im selben Interieur hatte Sophie Taeuber ihr modulares Verfahren weiterentwickelt [Abb. 109]. Ihrer Schwester berichtete sie: «Es hat mir sehr Vergnügen gemacht ihn zu zeichnen. So ist eine ganze Serie kleiner Aquarelle entstanden, die ich jederzeit leicht in Perlbeutel, Kissen, Teppiche und Wandstoffe umarbeiten kann.»[113] Manche der Elemente, aus denen Taeuber die vertikal-horizontale Komposition mit den abstrakten Motiven Figurine und Sonne montiert hat, haben sich erhalten [Abb. 104–108].

In Sophie Taeubers gewobenem Wandteppich[114] für die *Exposition internationale des arts décoratifs et industriels*, die vom 28. April bis 25. Oktober 1925 in Paris stattfand, präsentiert sich das Collageverfahren noch komplexer [Abb. 112].[115]

110 C. Greve: «Die neue Tüllstickerei», in: *Stickerei-Zeitung und Spitzen-Revue. Zeitschrift zur Pflege der künstlerischen Techniken* (1919/20), S. 8–10.

111 Max Eisler: «Wiener Werkstätte», in: *Die Kunst. Monatshefte für freie und angewandte Kunst* (1921), S. 239–247, hier S. 244.

112 Wir danken Julia Klinner für diese Information aus dem *Inventarbuch*, Nr. 7, Kunstgewerbemuseum Zürich, heute Museum für Gestaltung Zürich, Kunstgewerbesammlung, ZHdK.

113 Brief Sophie Taeuber an Erika Schlegel-Taeuber, 21.2.1922, in: Hoch, *Sophie Taeuber-Arp* (wie Anm. 3), Bd. 2, S. 434.

114 Angeregt durch die Ausstellung *Schwedisches Kunstgewerbe*, die das Kunstgewerbemuseum Zürich vom 16. Juli bis 27. August 1922 ausrichtete, war Weben 1924 als neues Fach in der Fachschule für Sticken und Modezeichnen eingeführt worden. Auf Sommer 1927 wurde eine selbstständige Fachschule für Weben gegründet. Vgl. *Gründung und Entwicklung* (wie Anm. 81), S. 115.

115 Als Jurymitglied wurde Sophie Taeuber «hors concours» für den Wandteppich ausgezeichnet. Vgl. Typoskript *Exposition internationale* des *arts décoratifs* et *industriels modernes*, Paris, 1925, Récompenses décernées aux exposants de la section suisse, Nachlass Otto Morach, Privatbesitz.

Mensch, Tier und Blume aus ihrer figürlichen Typologie sind frontal oder im Profil in eine horizontal-diagonale Komposition aus drei Registern eingepasst und berühren überdies sich und die Ränder. Auch von diesem Teppich haben sich kleine Aquarelle aus dem Entwurfsprozess erhalten. Zudem ist ein zweiter ähnlicher Teppich als Foto in Taeubers Mappe angewandter Arbeiten sowie als Entwurfszeichnung dokumentiert [ ].[116] Abb. 110
Die querformatige Fassung erscheint verdichtet in einem Kompartiment. Figur und Grund sind derart miteinander verwebt, dass die Diagonalstruktur etwa das Kleid der weiblichen Figur oder einen Berg für die männliche abgibt. Sophie Taeuber ging wie die Volkskunst von geometrischen und figürlichen Grundelementen aus, komplizierte jedoch deren auf Regelmässigkeit und Symmetrie basierende Kompositionsprinzipien. Einen Anfang zur Erörterung von Bezügen zwischen Volkskunst und Taeubers Entwurfskonzepten machte Theo van Doesburg bereits 1930 in seiner Studie «L'art textile ancien et moderne», die als Artikelserie in der holländischen Zeitschrift *Intérieur* erschienen ist.[117] Obwohl acht von 31 Abbildungen Werke von ihr zeigen, wurde dieser Beitrag in der Kunstgeschichtsschreibung bisher kaum zur Kenntnis genommen. Van Doesburg führte das Prinzip der Diagonalität um die Zeit von Taeubers Pariser Teppich in sein Schaffen ein. Taeuber ihrerseits konnte die Kombination von figurativen Elementen und diagonaler geometrischer Ordnung bereits in einer geklöppelten Mechelner Leinenborte, um 1730, im Industrie- und Gewerbemuseum St. Gallen sehen [ ]. Abb. 111
An textilen Arbeiten aus der Zeit zwischen 1920 und 1922 fällt auf, dass Sophie Henriette Taeuber ihr Monogramm «sht» oder «t» präzise in die Gestaltung integrierte [ ]. Abb. 109 Die Praxis des Signierens begann vermutlich mit ihrem persönlichen Dada-Manifest, dem *Dadakopf* von 1920, den sie überdies betitelte und datierte [ ].[118] Abb. 1 Das Monogramm findet sich auch in einer Nadelspitze [ ]. Abb. 93 Eine andere Nadelspitze, die 1924 in der

116 Zeichnung und Mappe befinden sich in der Stiftung Arp e. V. in Berlin.

117 Theo van Doesburg: «L'art textile ancien et moderne», in: *Interieur* (1930), Nr. 273, S. 1651–1657, Nr. 274, S. 1695–1697, Nr. 276, S. 1783–1787; (1931), Nr. 277, S. 1826–1833, Nr. 278, S. 1867–1874, Nr. 279, S. 17–21, Nr. 280, S. 65–70.

118 Es mag sich um eine Koinzidenz handeln, dass der renommierte Verleger Alexander Koch im gleichen Jahr ein Buch mit Monogrammen herausgab, das die Bibliothek der Gewerbeschule erwarb. Alexander Koch (Hg.): *600 Monogramme und Zeichen. Vorbilder für Künstler, Kunstgewerbler und Kunstfreunde für Industrie und Handel*, Darmstadt: Alexander Koch, 1920.

Abb. 92

Zeitschrift *Das Werk*, veröffentlich wurde, variiert wiederum die Motivik des Wettbewerbsbeitrags von 1921 [ ].[119] Die Nadelspitze, aus der Stickerei entwickelt, wird mit der Nähnadel und einem Faden ausgeführt und weist gewöhnlich eine dichtere Textur auf als die Klöppelspitze.[120]

Während Sophie Taeuber ihre Textilien in den Zürcher Jahren im lokalen kunsthandwerklichen Kontext präsentierte, erweckte Hans Arp mit seinen als Bilder gerahmten «Broderien» in internationalen Avantgarde-Galerien Aufsehen.[121] Vor diesem Hintergrund erscheinen ihre Signaturen als Nadelstiche gegen die traditionelle Hierarchie von «reproduktivem weiblichem» Kunsthandwerk und «genialer männlicher» freier Kunst. Sie sind auch deshalb bemerkenswert, da der Akt des Signierens von Künstlern der Moderne gleichzeitig infrage gestellt wurde.[122] «‹Autorschaft› ist mit Namen verbunden. Mit Autorschaft werden nicht nur Innovation und Authentizität verknüpft, sondern auch Autorität»,[123] konstatierte Silke Wenk. Sophie Taeuber galt denn auch ab 1920 zusehends als Entwerferin, wie Maria Weese 1928 notierte: «Sie ist so ergiebig in der Erfindung, dass sie die Ausführung notgedrungen andern Händen überlässt, um sich ganz dem Entwerfen zu widmen.»[124] Gleichwohl kommt ihr innovatives textiles Werk im 1948 posthum erschienenen Œuvreverzeichnis so gut wie nicht vor und wurde in der Folge von der Kunstgeschichtsschreibung lange ausgeblendet.[125]

119 E. Maria Weese: «Handarbeiten», in: *Das Werk* (1924), Nr. 3, S. 76–85, hier S. 79.

120 Vgl. Marianne Gächter-Weber, Lydia Immenroth: «Glossar», in: Framke, *Spitze* (wie Anm. 19), S. 192–205, hier S. 201.

121 «H. Arp. Broderie, exécutée par Mlle. E. Teuber», weist der Katalog der *Ersten Dada-Ausstellung* in der Galerie Corray, Zürich, 1917, aus. Derjenige zur Ausstellung *H Arp H Berger E Egger W Helbig A Segal* im Kunstsalon Wolfsberg, ebenfalls 1917, nennt Sophie Taeuber als Ausführende von acht der elf Stickereien Hans Arps.

122 Hans Arp plädierte für anonyme Kunst anstelle von Meisterwerken: «Die Künstler sollten in einer Gemeinschaft arbeiten wie die Künstler des Mittelalters.» Hans Arp, *Unsern täglichen Traum …*, Zürich: Arche, 1955, S. 79.

123 Silke Wenk: «Mythen von Autorschaft und Weiblichkeit», in: Kathrin Hoffmann-Curtius, Silke Wenk (Hg.): *Mythen von Autorschaft und Weiblichkeit im 20. Jahrhundert*, Marburg: Jonas, 1997, S. 12–29, hier S. 23.

124 Maria Weese, Doris Wild: *Die Frau in Kunst und Kunstgewerbe*, Zürich: Orell Füssli 1928, S. 47.

125 Vgl. Staber, *Sophie Taeuber-Arp* (wie Anm. 1), S. 83.

Dank

Die Publikation erscheint anlässlich der Kabinettausstellung *Sophie Taeuber. Textilreformerin* im Festsaal der Kantonsbibliothek Appenzell Ausserrhoden in Trogen, 24.5.–28.7.2024, und im Kunstmuseum Thun, 17.8.–1.12.2024. Wir danken den Leiterinnen dieser Institutionen, Heidi Eisenhut und Helen Hirsch, für ihre engagierte Förderung des Projekts. Die Ausstellung wurde von den Mitarbeitenden des Kunstmuseums Thun betreut. Wir danken besonders Cornelius Krell, Simon Stalder, Michael Röthlisberger, Miriam Margani und Henry Thomet.

Wir danken folgenden Institutionen für ihre namhafte finanzielle Unterstützung: Ernst Göhner Stiftung, Georg und Bertha Schwyzer-Winiker Stiftung, Zürcherische Seidenindustrie Gesellschaft, Kanton St. Gallen Kulturförderung, Stadt Zürich Finanzdepartement, Minerva Stiftung, Kulturförderung Appenzell Ausserrhoden, Lienhard-Stiftung, Boner Stiftung für Kunst und Kultur, Dr. Fred Styger Stiftung, Erica Stiftung, Ernst und Olga Gubler-Hablützel Stiftung, Steinegg Stiftung, Hans und Wilma Stutz Stiftung, Metrohm Stiftung, Bertold Suhner Stiftung, Stadt St. Gallen Kulturförderung.

Folgende Institutionen und Privatpersonen stellten grosszügig Leihgaben und/oder Bildvorlagen zur Verfügung: Aargauer Kunsthaus, Aarau, Stephanie Fikatas, Nora Togni; Arp Museum Bahnhof Rolandseck, Remagen, Astrid von Asten; Simon Baur; Bibliothek für Gestaltung Basel, Mirjam Brodbeck; Entwerferverein St. Gallen, Lisa Fässler; ETH Bibliothek Zürich, Natalie Sigrist; Fondazione Marguerite Arp, Locarno, Simona Martinoli; Fotostiftung Schweiz, Winterthur, Teresa Gruber; Kantonsbibliothek Appenzell Ausserrhoden, Trogen, Heidi Eisenhut; Larkin Erdmann Fine Art, Zürich; Maria Lehner; Museum für Gestaltung Zürich, Kunstgewerbesammlung, ZHdK, Sabine Flaschberger, Julia Klinner, Patrizia Baldi; Schweizerisches Nationalmuseum, Zürich, Aaron Estermann; Christine Specht; Silvia Specht-Boadella; Stiftung Arp e. V. Berlin, Jana Teuscher; Tal- und Sagenmuseum Lauterbrunnen, Joseph Guntern, Liselotte Gassmann; Hans Taeuber; Textilmuseum und Textilbibliothek St. Gallen, Luba Nurse, Christine Freydl-Kuster, Claudia Merfert, Debora Messerli; Zentralbibliothek Zürich; Zürcher Hochschule der Künste, Archiv, Christine Bauer, Pascal Gut; private Leihgebende, die ungenannt bleiben wollen.

Ohne das grosse Fachwissen von Maria Lehner, Spezialistin für Klöppelspitzen, und Christine Freydl-Kuster, Spezialistin für Spitzen und Stickerei am Textilmuseum St. Gallen, hätte sich das Projekt nicht realisieren lassen. Besonders danken wir auch Sabine Flaschberger, Leiterin Kunstgewerbesammlung am Museum für Gestaltung Zürich, für ihre Unterstützung und ihr Interesse an unserer Forschungsarbeit. Bei inhaltlichen Fragen immer hilfsbereit waren Thomas Frey, Pascal Gut, Urs Hochuli, Julia Klinner und Walburga Krupp.

Dem Verlag Scheidegger & Spiess, namentlich Thomas Kramer, danken wir für das Interesse und die angenehme Kooperation. Hubertus Design, Kerstin Landis und Jonas Voegeli sowie Jana Liebe danken wir für die gute Zusammenarbeit und die einzigartige Gestaltung. Wir danken Christian Helmle, Thun, und Seraina Wirz, Zürich, für prägnante Fotos, Miriam Wiesel, Berlin, für das sorgfältige Lektorat.

Ein besonderer Dank für wichtige Unterstützung geht an Corina Fisch, Albert Lutz, Régine Illi, Rita Illien, Mafalda Hoch.

Abbildungsnachweis

Aargauer Kunsthaus, Aarau: 7, 10, 11, 27, 30, 31, 73, Fotos Jörg Müller: 94a, 94b, Fotos Peter Schälchli: 76, 88, 91, 113

Arp Museum Bahnhof Rolandseck, Remagen: 109

Fondazione Marguerite Arp, Locarno: 105, 106, 107, 112

Fotostiftung Schweiz, Winterthur: 2, 3, 4, 5

Kantonsbibliothek Appenzell Ausserrhoden, Trogen: 9

Larkin Erdmann Fine Art, Zürich: 104

Museum für Gestaltung Zürich, Kunstgewerbesammlung, ZHdK: 42, 43, 44, 45, 46, 51, 59, 63, 79, 89, 102

Privatbesitz: 6, 8, 12, 25

Sammlung Maria Lehner, Beatenberg: Fotos Christian Helmle: 34, 35, 36, 39, 40, 41, 50

Schweizerisches Nationalmuseum, Zürich: 37

Stiftung Arp e. V., Berlin: 1, 13, 26, 93, 98, 99, 108, 110

Tal- und Sagenmuseum Lauterbrunnen: Fotos Christian Helmle: 38, 49, 52, 53, 54, 55, 56, 57, 58, 64, 65, 66, 67, 68, 69, 70

Textilmuseum St. Gallen: Fotos Seraina Wirz:
14 (TSCHUE C 43.7),
15 (TSTAUFF C 19.4),
16 (TSTAUFF C 17.5),
17 (TSCHUE C 43.6),
18 (TSTAUFF C 11.5),
19 (TSCHUE C 44.3),
20 (TSTAUFF C 14.6),
62 (03770), 71 (03771),
85 (00665), 86 (00655),
90 (00671), 100 (00792),
111 (02666)

Zürcher Hochschule der Künste, Archiv:
47 (VAC-1900-A02-008),
48 (GBA-1919-D05_3-300),
60 (GBC-19XX-N02),
61 (VBD-1920-E01-008),
81 (VBD-1920-E01-007),
82 (VBD-1920-E01-015),
83 (APT-G01-003-001),
101 (GBA-1922-D04-300)

Wir danken folgenden Institutionen für die Kooperation:

Kantonsbibliothek Appenzell Ausserrhoden

KUNSTMUSEUM THUN

Wir danken folgenden Institutionen für ihre finanzielle Unterstützung:

ERNST GÖHNER STIFTUNG

GEORG UND BERTHA SCHWYZER-WINIKER STIFTUNG

ZÜRCHERISCHE SEIDENINDUSTRIE GESELLSCHAFT

Kanton St.Gallen Kulturförderung

Stadt Zürich

Minerva Stiftung

Kulturförderung Appenzell Ausserrhoden

Lienhard-Stiftung
Boner Stiftung für Kunst und Kultur
Dr. Fred Styger Stiftung
Erica Stiftung
Ernst und Olga Gubler-Hablützel Stiftung
Steinegg Stiftung
Hans und Wilma Stutz Stiftung

Metrohm
Metrohm Stiftung

Bertold Suhner Stiftung

st.gallen

Impressum

Lektorat:
Miriam Wiesel, Berlin
Gestaltung:
Hubertus Design, Zürich; Kerstin Landis, Jonas Voegeli und Jana Liebe
Lithografie:
Widmer & Fluri, Zürich
Druck und Bindung: Druckerei Odermatt, Dallenwil

Verlag Scheidegger & Spiess
Niederdorfstrasse 54
8001 Zürich, Schweiz
www.scheidegger-spiess.ch
Der Verlag Scheidegger & Spiess wird vom Bundesamt für Kultur mit einem Strukturbeitrag für die Jahre 2021–2024 unterstützt.

ISBN 978-3-03942-232-6